高等职业教育新能源汽车类专业教材

新能源汽车
整车控制技术

齐方伟　李　刚　马书亮◎主　编
黄靖宇　葛鸿明◎副主编
董　括◎主　审

人民交通出版社股份有限公司

北　京

内 容 提 要

本书是高等职业教育新能源汽车类专业教材。全书包括5个项目、11个工作任务,主要介绍了整车控制系统检测与维修、高压电源系统检测与维修、整车驱动控制系统检测与维修、电动空调系统认识与检修、电动助力系统检测与维修。

本书可作为职业院校新能源汽车技术、新能源汽车检测与维修技术等专业的教学用书,也可作为新能源汽车维修专业培训用书和相关技术人员的参考书。

图书在版编目(CIP)数据

新能源汽车整车控制技术/齐方伟,李刚,马书亮主编.—北京:人民交通出版社股份有限公司,2023.10

ISBN 978-7-114-18954-8

Ⅰ.①新… Ⅱ.①齐…②李…③马… Ⅲ.①新能源—汽车—控制系统—高等职业教育—教材 Ⅳ.①U469.7

中国国家版本馆 CIP 数据核字(2023)第 157623 号

书　　名:**新能源汽车整车控制技术**
著 作 者:齐方伟　李　刚　马书亮
责任编辑:张一梅
责任校对:刘　芹
责任印制:刘高彤
出版发行:人民交通出版社股份有限公司
地　　址:(100011)北京市朝阳区安定门外外馆斜街3号
网　　址:http://www.ccpcl.com.cn
销售电话:(010)59757973
总 经 销:人民交通出版社股份有限公司发行部
经　　销:各地新华书店
印　　刷:北京市密东印刷有限公司
开　　本:787×1092　1/16
印　　张:14.5
字　　数:326千
版　　次:2023年10月　第1版
印　　次:2024年7月　第2次印刷
书　　号:ISBN 978-7-114-18954-8
定　　价:45.00元

(有印刷、装订质量问题的图书,由本公司负责调换)

编委会

主 任：
      戚文革（吉林电子信息职业技术学院）

副 主 任：
      齐方伟（吉林科技职业技术学院）
      孙志刚（吉林铁道职业技术学院）

委 员（按姓氏笔画排序）：
      山长军（吉林工业职业技术学院）
      马书亮（吉林科技职业技术学院）
      朱立东（吉林铁道职业技术学院）
      李 刚（吉林科技职业技术学院）
      李富松（河北交通职业技术学院）
      张 鑫（江西交通职业技术学院）
      范真维（吉林电子信息职业技术学院）
      赵海宾（河北交通职业技术学院）
      钟颖强（江西交通职业技术学院）
      曹元勋（吉林工业职业技术学院）
      董 括（吉林电子信息职业技术学院）

技术顾问：
      侯志宝（长春市康嘉教学设备有限公司）

前言

随着新一轮科技革命和产业变革深入推进,汽车与能源、交通、信息通信等领域加速融合,汽车的电动化、智能化、网联化、共享化成为汽车产业发展的主流和趋势。为了对接汽车产业发展新趋势,满足新能源汽车领域高质量发展对高素质技术技能人才的需求,推动职业教育专业升级和数字化改造,提高人才培养质量,吉林电子信息职业技术学院、吉林工业职业技术学院、吉林铁道职业技术学院、吉林科技职业技术学院、江西交通职业技术学院共同编写了高等职业教育新能源汽车技术专业理实一体化教材。

本套教材编写深入贯彻落实党的二十大对教材建设与管理作出的新部署新要求,遵循知识和技能并重的改革方向,根据高等职业教育的特点以及高职高专院校学生的学习情况进行编写,具有以下特点:

(1)教材编写依据特定的工作任务,选取适度够用的理论知识,以学生的操作技能和职业素养培养为核心,围绕典型工作任务设计教学项目,突出知识的实用性、综合性和先进性。教材内容设置以学生为中心,由浅及深、循序渐进,每本教材均配有"任务工单",实现了理论实践一体化。

(2)教材融入了丰富的课程思政元素、党的二十大精神内容,选取国产汽车品牌进行讲解,培养学生的民族品牌意识,增强对民族品牌汽车的自信度,体现立德树人教育目标,实现思想政治教育与技术技能培养的有机统一。

(3)教材编写过程中广泛联系行业企业,深入了解行业企业对本专业人才的实际需求,由相关企业提供了配套的教学资源和技术支持,行业企业人员深度参与教材编写与开发。

(4)教材配套了丰富的教学资源,教材的知识点以二维码链接动画、视频资源,所有教材配有课件、习题及答案等,满足学生个性化学习的需求,提升教材使用体验。

《新能源汽车整车控制技术》围绕现场典型工作任务共设计5个教学项目,每个项目设计2~3个工作任务,在实施过程中以学生亲身经历,完成整个工作过程为原则,使学生在了解新能源汽车整车控制、车身控制、电能控制、动力控制、空调控制、电动助力转向控制与制动控制基本原理的基础上,进一步掌握各部分的故障诊断及维修方法。本书注重培养学生在职业生涯中的专业能力、方法能力和社会能力。强化学生在信息收集、问题分析和组织故障诊断与排除所需的综合能力；强化学生依照检修标准、行业标准，优化故障诊断工作流程，及协调配合的工作能力；强化学生工作中自我控制、自我管理及开展有效工作评价的能力；强化学生团队精神、职业道德、安全环保意识、质量和服务意识。本书语言精练、图文并茂，易学易懂易用；内容翔实，保证了汽车故障诊断与维修相关知识技能的完整性与系统性。

本书由吉林科技职业技术学院齐方伟、李刚、马书亮任主编，黄靖宇、葛鸿明任副主编，吉林电子信息职业技术学院董括任主审，吉林科技职业技术学院王伟、石欢岩、张瑷麟任参编。本书的编写分工为：齐方伟编写项目二、项目五中的任务一；李刚编写项目一，并负责全书统稿；马书亮编写项目三、项目五中的任务二；黄靖宇、王伟、葛鸿明编写项目四，并负责视频资源制作；石欢岩、张瑷麟负责习题及课程思政内容编写。

作者在本书编写过程中查阅了大量书籍、文献和资料，引用了一些网络相关资源，广泛参考借鉴了国内外新能源汽车方面的研究成果，还得到了长春康嘉教学设备有限公司和深圳霖汉科技发展有限公司的帮助和支持，在此一并向其表示感谢。

由于作者水平有限，书中难免有疏漏之处，敬请业内专家和广大读者批评指正。

作　者
2023 年 6 月

目录

项目一　整车控制系统检测与维修 ……………………………………………………… 1
　任务1　整车控制系统故障处理 ……………………………………………………… 1
　任务2　整车总线通信系统检修 ……………………………………………………… 28
　任务3　整车车身控制系统的检修 …………………………………………………… 45
　习题 …………………………………………………………………………………… 55

项目二　高压电源系统检测与维修 ……………………………………………………… 57
　任务1　整车高压电源配电检修 ……………………………………………………… 57
　任务2　整车电源充电系统检修 ……………………………………………………… 71
　习题 …………………………………………………………………………………… 87

项目三　整车驱动控制系统检测与维修 ………………………………………………… 89
　任务1　纯电动汽车驱动系统检修 …………………………………………………… 89
　任务2　混合动力电动汽车驱动系统检修 …………………………………………… 104
　习题 …………………………………………………………………………………… 121

项目四　电动空调系统认识与检修 ……………………………………………………… 123
　任务1　电动空调系统的认识 ………………………………………………………… 123
　任务2　电动空调高压系统检修 ……………………………………………………… 136
　习题 …………………………………………………………………………………… 152

项目五　电动助力系统检测与维修 ……………………………………………………… 153
　任务1　电动转向系统检修 …………………………………………………………… 153
　任务2　电动真空助力制动系统检修 ………………………………………………… 165
　习题 …………………………………………………………………………………… 177

任务工单 ………………………………………………………………………………… 179

参考文献 ………………………………………………………………………………… 223

项目一
整车控制系统检测与维修

知识目标

(1) 掌握整车控制系统的类型、组成与控制策略。
(2) 了解整车控制系统各电控部件之间的联系与控制关系。
(3) 掌握整车总线通信系统的组成与工作原理。
(4) 掌握整车车身控制系统的组成及车身控制器的功能。

技能目标

(1) 能够掌握整车控制系统的故障分级及车辆运行表象。
(2) 能够掌握整车控制系统故障诊断和检修方法。
(3) 能够掌握整车总线通信网络的检修方法。
(4) 能够掌握整车车身控制系统的检修方法。

素质目标

(1) 培养遵守安全作业要求、注重个人安全防护的能力。
(2) 培养严格执行检修规范、养成严谨工作态度的能力。
(3) 培养正确地检查工作结果并进行自我评估的能力。

▶学时:12

 任务1　整车控制系统故障处理

任务描述

一辆吉利帝豪 EV450 纯电动汽车,起动时仪表可运行指示"READY"灯不亮,采用诊断仪器读取故障码时,诊断仪器与整车控制器无法建立通信联系,经检查是整车控制器出现了故障,更换整车控制器后车辆恢复正常。请问你了解整车控制器及整车控制系统吗?此类故障你能否排除?

一、知识准备

整车控制系统认识

(一)整车控制系统的认识

电动汽车的整车控制系统通常由低压电气控制系统、高压电气控制系统、整车网络化控制系统三部分组成。整车控制器是电动汽车整车控制系统的核心部件,如图1-1所示。

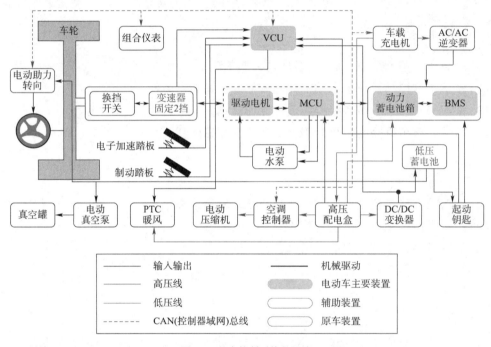

图1-1 整车控制系统的组成

1. 低压电气控制系统

用于控制低压电气设备或电路,如低压蓄电池的充电控制、灯光、刮水器等低压电气设备的电源控制,整车控制器(VCU)和高压电气设备控制电路的电源控制。

2. 高压电气控制系统

用于控制高压电气设备,如动力蓄电池、驱动电机和DC/DC变换器等。整车控制系统可根据车辆行驶的功率需求,实现从动力蓄电池到驱动电机的能量转换与传输。

3. 整车网络化控制系统

用于VCU与电机控制器(MCU)、动力蓄电池管理系统(BMS)、车身控制管理系统、信息显示系统等子系统的通信与管理。VCU一般通过CAN总线与各子系统实现通信与管理。整车控制系统按网络结构一般分两种类型:分层控制和分模块控制。

(1)分层控制:新能源汽车中各功能系统都有独立的控制器,通常将整车控制器作为第一层,其他各控制器为第二层,各控制器之间通过 CAN 进行信息交互,共同实现整车的功能控制。基于 CAN 总线的分层控制系统如图 1-2 所示。

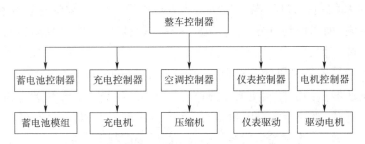

图 1-2　基于 CAN 总线的分层控制系统

(2) 分模块控制:整车控制系统采用多层分级、合作自治的结构形式进行分模块控制。控制系统分为能量系统、驱动系统、能量回馈系统和辅助子系统,整车控制器的功能由多个控制单元协同完成,如图 1-3 所示。这种控制模式减少了单个控制单元的工作量,每个控制单元的工作内容相对单一,因此对控制单元的要求降低,但是控制单元之间数据交换量更大、更频繁。

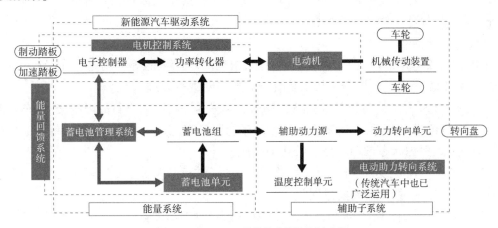

图 1-3　基于 CAN 总线的分模块控制系统

(二) 整车控制策略

车辆需要在保证安全的前提下,根据驾驶人意图和汽车的动力性、平顺性、舒适性等要求选择合适的控制策略。根据汽车的运行工况和驾驶人的需求,控制策略要实现能量在蓄电池、电机、DC/DC、电动空调以及其他用电设备之间合理有效的分配,使整车效率达到最高,获得最大的经济性、平稳的驾驶性能和良好的舒适性。新能源汽车最基本的控制有整车驱动控制、制动能量回馈控制、整车能量管理与优化和安全保护策略等。

1. 整车驱动控制

整车驱动控制策略的核心是根据驾驶人的动作分析其驾驶意图,并综合考虑动力系统状态;计算出驾驶人对电机的期望转矩,向电机驱动系统发出指令,使纯电动汽车的行驶状态尽可能快速、准确,从而满足驾驶人的驾驶要求。驱动控制策略实时考虑行驶工况、蓄电池 SOC(SOC 即荷电状态,是用来反映蓄电池剩余容量的指标,其数值上定义为剩余容量与蓄电池容量的比值,常用百分数表示)等影响因素,将转矩合理地分配给电机;同时限定电机的工作区域和 SOC 值范围,确保电机和动力蓄电池能够长时间保持高效的状态。驱动控制可以进行起步控制、加速控制、怠速控制、减速控制以及坡路停车等驱动功能。

2. 制动能量回馈控制

制动能量回馈是依靠电机的反拖制动,将车辆行驶的动能存储在汽车的储能装置中加以回收利用。制动能量回馈控制主要采集制动踏板信号、ABS 信号和动力蓄电池信息,以判断是否启用再生制动,再结合驱动电机信息,计算出此刻最大回馈电流,转换成制动力矩,然后实施能量回馈。最后,随着各个信号的变化,逐渐修正制动力矩。

3. 整车能量管理与优化

整车能量管理就是通过对车载能源动力系统的管理,提高整车能量利用效率,延长纯电动汽车的续驶里程。能量管理不但控制整车各种工作模式的切换,而且控制着能量流的合理分配。通常是根据蓄电池组的 SOC 进行能量流的分配,不同的 SOC 取值,控制整车的能量分配比例不同。能量管理的优化还包括是否允许空调运行及是否限制驱动电机功率等。例如,当动力蓄电池电量较低时,整车控制器发送控制指令关闭部分起辅助作用的电气设备,将电能优先保证车辆的安全行驶。

4. 安全保护策略

车辆发生故障时,VCU 会实时检测到故障,根据故障严重的等级判定优先级(常见的分级处理分为 4 级),然后根据行车状态及故障危险程度进行处理。

(1)1 级、2 级表示致命和严重故障,当出现此类故障时,除了进行故障报警,整车控制器发送驱动电机停机命令,同时通知蓄电池管理系统断开高压接触器,切断动力蓄电池的高压输出;车辆进入保护状态(禁止充电、禁止上高压)。

(2)3 级表示轻度故障,当出现此类故障时,除了进行故障报警,车辆进入跛行模式;限制电机的运行功率,禁止制动能量回收。

(3)4 级表示一般故障,当出现此类故障时,不影响车辆运行,仪表故障灯点亮,提示维修。

(三)分层控制式整车控制系统

1. 整车控制系统组成与特点

吉利 EV450 纯电动汽车、北汽纯电动汽车等车型,整车控制系统采用 CAN 总线分层控制形式,如吉利纯电动汽车总线系统由动力网(P-CAN)、舒适网(V-CAN)组成,动力网(P-CAN)对应的子系统控制单元主要有 BMS、电机控制器、车载充电机、DC/DC 等以及对应的传感器,舒适网(V-CAN)对应的子系统控制单元主要有组合仪表、空调 ECU、转向 ECU、制动 ECU 等以及对应的传感器。动力网和舒适网都连接到整车控制器上,整车控制器作为最上层控制器,负责总体控制、协调各个控制单元工作以及信息的统筹管理等工作,如图 1-4 所示。

整车控制器主要功能有采集车辆信息,进行驾驶人意图解析,控制车辆运行,进行网络管理与协议转换、能量管理、功率分配及对真空助力泵、冷却水泵、风扇进行控制,在线配置和维护(通过车载 CAN 端口进行控制参数修改、匹配标定、功能配置、监控、调试等),诊断车辆故障等。

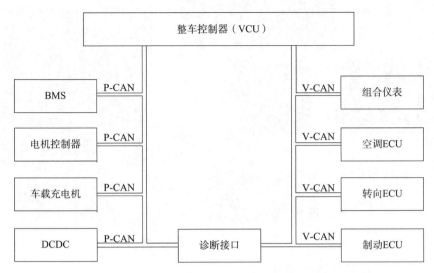

图 1-4　分层控制式整车控制系统

2. 整车控制器与其他子系统的联系

整车控制器(VCU)通过 CAN 通信网络与各子系统的控制模块进行信息交换,判断当前车辆所处的运行状态,合理控制整车运行情况;系统中比较重要的开关信号和模拟信号由传感器直接传递给整车控制器(VCU),开关信号包括钥匙信号、挡位信号、充电信号、制动信号等;模拟信号包括加速踏板信号、制动踏板信号、蓄电池电压信号等,其他具有独立的子系统与 VCU 通过共用的 CAN 总线进行信息传递,如图 1-5、图 1-6 所示。

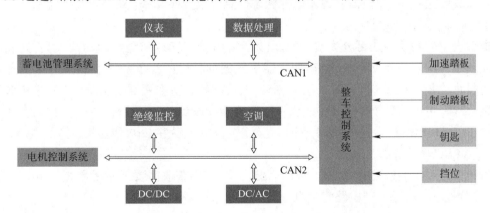

图 1-5　VCU 与各动力控制模块信息传输示意图

(1)VCU 与动力蓄电池管理系统。

VCU 与动力蓄电池管理系统通过动力 CAN 总线进行信息交互;动力蓄电池系统实时监测并上报给 VCU 的参数包括总电流、总电压、最高单体电压、最低单体电压、最高温度、蓄电池包荷电状态,某些系统还监测蓄电池包健康状态(SOH);VCU 发送给动力蓄电池系统的命令包括充电、放电和开关指令。

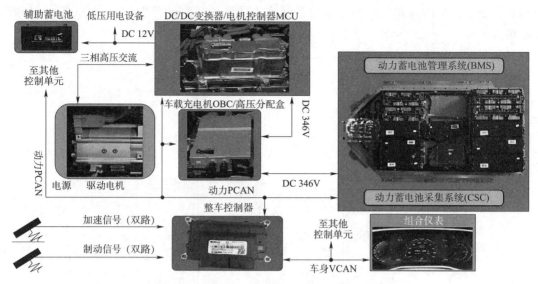

图 1-6　VCU 与各动力控制模块及组合仪表的网络连接

(2) VCU 与驱动电机控制器。

VCU 向电机控制器发送的指令,包含三个部分的描述:电机使能信息、电机模式信息(再生制动、正向驱动、反向驱动)以及相应模式下的电机转矩;电机控制器向 VCU 上报驱动电机的各种参数及故障报警信息,主要参数包括电机转速、电机转矩、电机电压和电流。

(3) VCU 与充电系统。

整车控制器与动力蓄电池管理系统共同进行充电中的充电功率控制,显示充电状态;充电过程控制中,当整车控制器接收到充电信号后,禁止高压系统上电,保证车辆在充电状态下处于行驶锁止状态,并根据动力蓄电池状态信息限制充电功率,保护动力蓄电池。

(4) VCU 与制动系统。

电动汽车的制动方式可分为机械制动(通常为液压制动)和电力制动两大类,其制动系统实质上是一种混合制动系统,整车控制器根据制动踏板的开度和开度变化的速度计算出车辆的制动需求力矩,传递给 BCU[液压制动、电机制动和防抱死制动系统(ABS)集中管理控制系统],BCU 可以独立于 VCU 之外,也可以把功能集成到 VCU 内部。BCU 根据对车辆的制动需求作出以机械制动为主(紧急制动时)还是以电力制动为主(中轻度制动时)的力矩分配。

(5) VCU 与智能仪表。

智能仪表系统通过 CAN 总线与 VCU 相连,从 VCU 获取需要显示的数据。数据传输进仪表控制器以后,信号处理电路将信息还原成各个仪表的显示内容。

(四) 分模块控制式整车控制系统

1. 整车控制系统组成与特点

比亚迪 E5 纯电动汽车整车控制系统为 CAN 总线分模块结构,整车控制功能由若干个电子控制单元(ECU)协同完成,主要包括网关、VTOG(双向交流逆变电机控制器)、动力蓄电池管理器、主控制器、车载终端等,如图 1-7 所示。

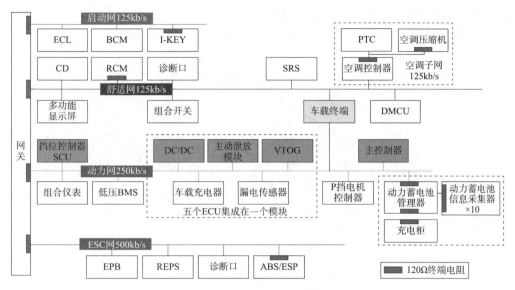

图 1-7　比亚迪 E5 CAN 总线网络拓扑图

整车控制系统通过若干条 CAN 线路进行通信,主要有:起动 CAN,用于汽车的起动控制与信息采集;舒适 CAN,用于整车上的多媒体系统;动力 CAN,用于动力控制系统;底盘 CAN,用于行驶安全系统。

2．主要部件

（1）网关。

比亚迪 E5 纯电动汽车网关的位置如图 1-8 所示,位于副驾驶室储物箱的后方。车载总线中存在几个网络,这些网络之间需要进行通信,网关正是维系这些网络联系的一个中间体。网关控制器主要有以下 3 个功能。

① 报文路由:网关具有转发报文的功能,并可对总线报文状态进行诊断。

② 信号路由:实现信号在不同报文间的映射。

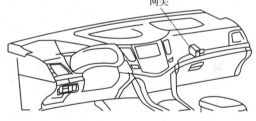

图 1-8　比亚迪 E5 纯电动汽车网关位置

③ 网络管理:进行网络状态监测与统计、错误处理、休眠唤醒等。

（2）高压电控总成。

高压电控总成安装在车辆机舱内,内部集成双向交流逆变式电机控制器（VTOG）、高压配电箱和漏电传感器、车载充电器、DC/DC 变换器等部件,又称"四合一"电控总成,如图 1-9 所示。高压电控总成控制高压电的交直流逆变、驱动电机运转、充放电、整车高压回路配电、高压漏电检测、防盗、通信故障处理等功能。

（3）动力蓄电池管理控制器。

比亚迪 E5 纯电动汽车动力蓄电池管理控制器安装在高压电控总成的后方,负责整车动力系统的电力控制以及实时监测高压电力系统的用电状态,并采取保护措施,保证车辆安全行驶。

蓄电池管理控制器的主要功能是:接收蓄电池信息采集器、直流漏电传感器、车载充电机、VTOG 等控制器传递的数据和信息,接收碰撞传感器、互锁信息等传感器信号,控制接触器的吸合与断开、车载充电机的充放电及 VTOG 的输入与输出功率等。

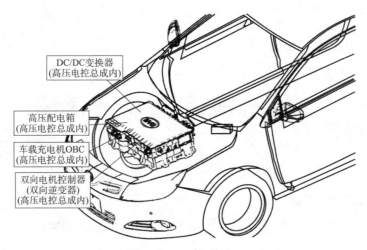

图 1-9　比亚迪 E5 纯电动汽车"四合一"高压电控总成位置

(4) 主控制器。

比亚迪 E5 纯电动汽车的主控制器是车辆的管理控制单元,安装在副仪表台的位置如图 1-10 所示。主要功能是通过 CAN 总线实现对各个 ECU 的监控、管理和协调。当它检测到异常情况时,会发出限流、关闭空调等控制要求,同时,将故障代码存储在自身的存储器中。同时,它还控制水冷系统的冷却风扇电机和真空助力系统的真空泵。

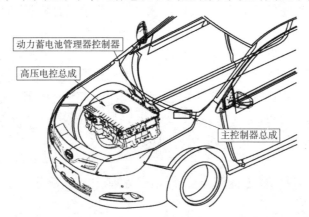

图 1-10　动力蓄电池管理控制器与主控制器安装位置

3. 高压电控总成主要功能与结构

(1) 主要功能。

① 控制高压交/直流电双向逆变,驱动电机运转,实现充电功能、放电功能(VTOG、车载充电器)。

② 实现高压直流电转化低压直流电为整车低压电器系统供电(DC/DC)。

③ 实现整车高压回路配电功能以及高压漏电检测功能(高压配电箱、漏电传感器模块)。

④ 直流充电升压功能(VTOG、直流充电线圈和电容)。

⑤防盗功能：比亚迪 E5 纯电动汽车的起动防盗锁是电机控制器（VTOG），即在整车上电之前，电机控制器也需要对码。如果电机控制器未进行匹配，整车是无法上电的。

⑥CAN 通信、故障处理记录、在线 CAN 烧写及自检功能。

高压电控总成分别与动力蓄电池、交流充电口、直流充电口、永磁同步电机、空调电动压缩机和空调 PTC 水加热器通过高压线束相连，高压电控总成与其他部件的高压连接关系如图 1-11 所示。

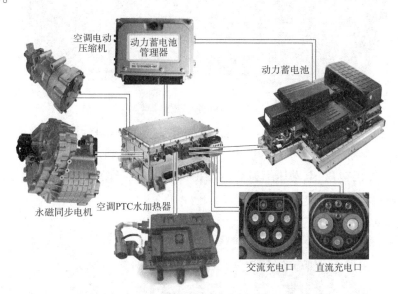

图 1-11　高压电控总成与其他部件的高压连接关系

（2）结构。

高压电控总成外部接口如图 1-12 所示。

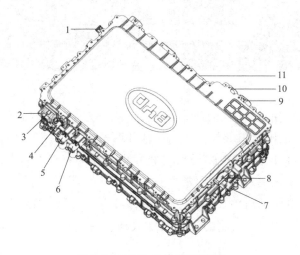

图 1-12　高压电控总成外部接口

1-DC 直流输出接插件；2-高压输出空调压缩机接插件；3-33PIN 低压信号接插件；4-高压输出 PTC 接插件；5-动力蓄电池正极母线；6-动力蓄电池负极母线；7-入水管；8-64PIN 低压接信号接插件；9-交流输入 L2、L3；10-交流输入 L1、N 相；11-驱动电机三相输出接插件高压电控总成前部接口如图 1-13 所示，从右至左依次为：直流充电插接口，冷却液管，驱动电机三相接口，交流输入 L1、N 相接口和交流输入 L2、L3 相接口（装有时）。

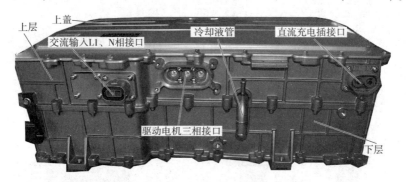

图 1-13　高压电控总成前部接口

高压电控总成后部接口如图 1-14 所示，从右至左依次为：电池加热接口、动力蓄电池正负极母线接口、空调加热 PTC 接口、电动压缩机高压输出接口和 33PIN 低压插接件。由于 PTC 加热器高压输出接口、电动压缩机高压输出接口形状一样，位置邻近，为了防止插错，厂商将这两个接口做成不同颜色。

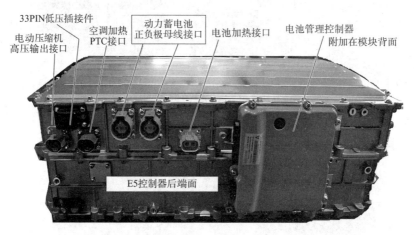

图 1-14　高压电控总成后部接口

高压电控总成左侧有 DC/DC 低压输出接口、高压熔断丝盒和外壳接地线螺栓孔，如图 1-15 所示。DC/DC 低压输出端与低压蓄电池并联给整车低压系统提供 13.8V 电源；32A 空调高压熔断丝给电动压缩机和 PTC 水加热器供电。在配有动力蓄电池加热系统的车型上还有动力蓄电池 PTC 水加热总成熔断丝。

高压电控总成右侧有 64PIN 低压插接件、冷却液进水口和外壳接地线螺栓口，如图 1-16 所示。高压电控总成通过左右两侧的外壳接地线与车身搭铁，防止壳体带电造成汽车和人身危害。

（3）内部结构。

比亚迪 E5 纯电动汽车高压电控总成采用内部集成设计，上层主要包含高压电控主板（VTOG）、高压配电箱、漏电传感器和 DC/DC 转换器，如图 1-17 所示；在高压电控总成下层有车载双向充电器,如图 1-18 所示;中间为冷却水道,冷却液在中间水道中流动,为高压电控总成内部的发热部件,即绝缘栅双极型晶体管(Insulated Gate Bipolar Transistor,IGBT)模块、DC/DC、车载充电机、升降压线圈、放电电阻(主动放电模块、被动放电电阻)等散热。高压内部连接与外部连接电路,如图 1-19 所示。

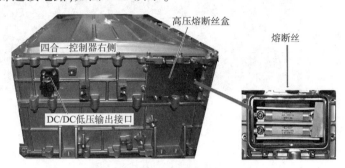

高压配电箱(上)

图 1-15 高压电控总成左侧接口

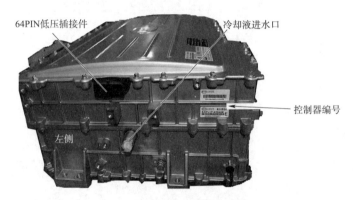

图 1-16 高压电控总成右侧接口

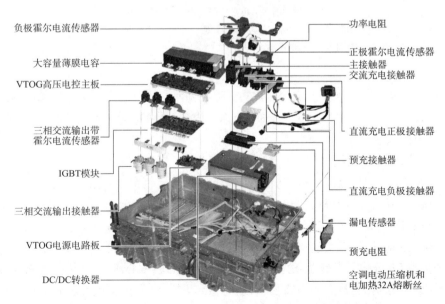

图 1-17 比亚迪 E5 纯电动汽车高压电控总成内部设计

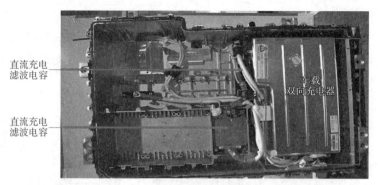

图 1-18 车载双向充电器

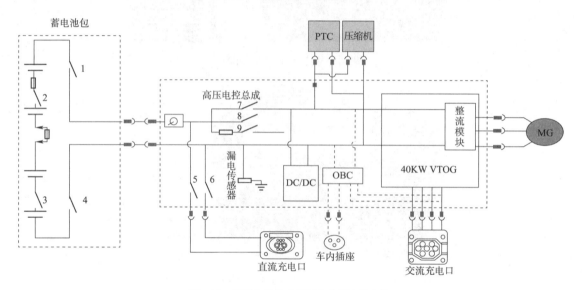

图 1-19 高压电控总成高压内外部连接电路

1-正极接触器;2-蓄电池包分压接触器 1;3-蓄电池包分压接触器 2;4-负极接触器;5-直流充电接触器;6-直流充电接触器;7-主接触器;8-交流充电接触器;9-预充接触器

①双向交流逆变式电机控制器(VTOG)。

VTOG 主要由 1 块控制板、1 块驱动板、1 块采样板、1 个用于平波的薄膜电容、DC 模块的电感和电容、3 个交流滤波电感、3 个交流滤波电容、泄放电阻、预充电阻、电流霍尔、接触器等元器件组成,如图 1-20 所示。

VTOG 控制器在驱动控制(放电)时采集加速踏板、制动踏板、挡位、旋变等信号,实现前进、倒车、减速或制动时正反转发电功能,此外还具有高压输出电压和电流控制功能;具有电压跌落、过流、过温、智能功率模块(Intelligent Power Module,IPM)过温、IGBT 过温保护、功率限制、力矩控制限制等功能;具有电控系统防盗、能量回馈控制、主动泄放、被动泄放控制等功能。在充电控制时,具有交直流转换,双向充放电控制功能;具有自动识别单相、三相相序并根据充电电流及充电设备识别充电功率控制充电方式,根据车辆或其他设备请求信号控制车辆对外放电的功能;具有断电重启功能,即在电网断电后又供电时,可继续充电的功能。VTOG 控制器还包括 CAN 通信、故障处理记录、在线 CAN 烧写及自检等功能。

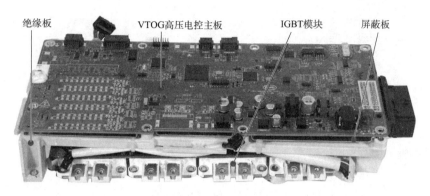

图1-20 VTOG的组成

② 高压配电模块。

高压配电模块的主要作用是完成动力蓄电池电源的输出及分配，其上游是动力蓄电池组，下游包括VTOG、DC/DC、PTC水加热器、电动压缩机、漏电传感器，也将VTOG和车载充电器的高压直流电分配给动力蓄电池组，实现对支路充电器的保护及切断。

高压配电模块内部主要由铜排连接片、接触器、霍尔电流传感器、预充电阻、动力蓄电池组正负极输入组成，其中接触器由动力蓄电池管理器控制，通过接触器的通断控制充放电，如图1-21所示。

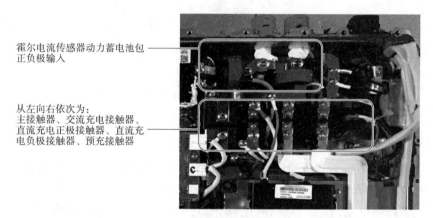

图1-21 高压配电模块组成

图1-21中有2个霍尔电流传感器，左边的监测VTOG直流侧电流大小，右边的监测动力蓄电池组进出总电流；5个接触器，从左至右依次为主接触器、交流充电接触器、直流充电正极接触器、直流充电负极接触器、预充接触器。

③ DC/DC及漏电传感器。

比亚迪E5纯电动汽车用DC/DC替代了传统燃油车上的12V发电机，和蓄电池并联给各用电器提供低压电源，DC/DC在直流高压输入端接触器吸合后便开始工作，输出电压标称为13.8V，DC/DC在高压上电时、充电时（包括交流充电、直流充电）、智能充电时都会工作，以辅助低压铁蓄电池为整车提供低压电源；DC/DC输出端正极通过正极熔断丝盒直接与低压铁蓄电池正极相连，如图1-22所示，而DC/DC的输出负极则是通过高压电控总成壳体搭铁。

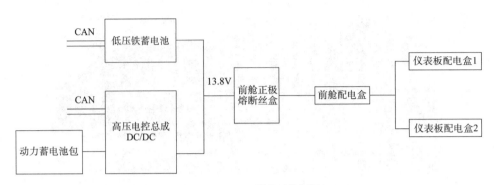

图 1-22 DC/DC 供电系统框图

漏电传感器安装在 DC/DC 壳体上,如图 1-23 所示。它本身也是一个动力网 CAN 模块,通过监测与动力蓄电池输出相连接的正母线与车身底盘之间的绝缘电阻来判定高压系统是否漏电,并将严重漏电信号或一般漏电信号发送给 BMS,同时将绝缘阻值信息通过 CAN 信号发送给蓄电池管理器、VTOG,并采取相应的保护措施。

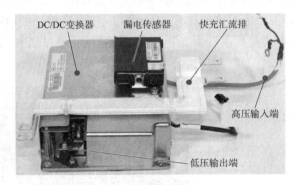

图 1-23 DC/DC 及漏电传感器位置

④车载充电机。

比亚迪 E5 纯电动汽车的车载充电机为双向充电机,能将电网传来的交流电整流、升压处理后给动力蓄电池充电;也能将动力蓄电池的直流电降压、逆变后变成交流电,可用于驱动用电设备、给其他电动汽车充电或向电网供电。比亚迪 E5 纯电动汽车在进行充电时,3.3kW 功率以内的单相交流充电均是通过 OBC 进行的,而功率大于 3.3kW 的交流充电(含单相和三相交流)是通过 VTOG 进行的。

4. 比亚迪 E5 纯电动汽车整车控制系统信号输入部件与电路

(1)加速踏板信号。

加速踏板位置传感器能够将加速踏板位置及踏板变化速率信号传递给整车控制器,其信号通常为线性信号。常见的有霍尔式位置传感器,加速踏板位置传感器如图 1-24 所示。

(2)制动踏板信号。

制动踏板信号采集制动踏板行程及变化率,用于计算制动力大小并用于制动力分配(电机制动力、液压制动力)信号。比亚迪 E5 纯电动汽车制动开关信号和制动踏板信号都给到 VTOG,如图 1-25 所示,制动开关信号还要传输给主控制器,用于控制真空泵。

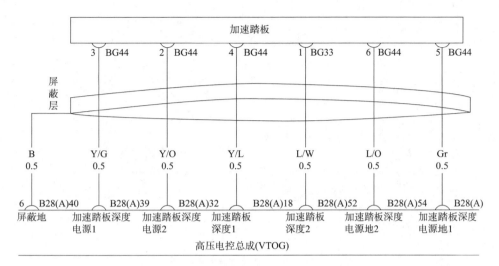

图1-24 加速踏板位置传感器电路

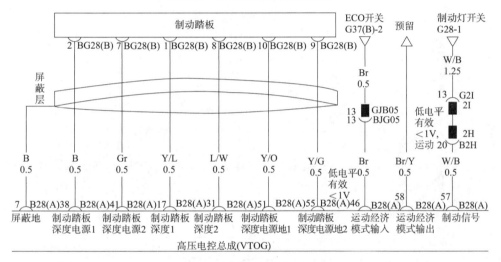

图1-25 制动踏板位置传感器电路

(3)充电连接信号。

交流充电连接信号(CC)、控制信号(CP)、充电枪温度信号给高压电控总成内部的VTOG,VTOG再将充电连接信号给BMS和BCM,如图1-26所示。VTOG和BMS共同控制交流充电,BCM用于仪表显示充电信息。

比亚迪E5纯电动汽车的直流充电连接信号如图1-27所示,直流充电感应信号(CC2)、充电枪温度信号直接给BMS,其他充电信息通过CAN充电网给BMS,BMS控制直流充电或断开充电。

(4)挡位信号。

比亚迪E5纯电动汽车换挡信号电路如图1-28所示。当驾驶人进行挡位操作后,挡位信息通过转接头Ⅲ由动力网CAN总线传递给各控制单元。VTOG和BMS根据自身数据(电机温度、电压、电流等、动力蓄电池总电压、最高单体温度、SOC等)及通过CAN总线获得的当前挡位进行相应行驶模式切换并确定输出功率,同时将当前挡位信息在组合仪表上显示出来。

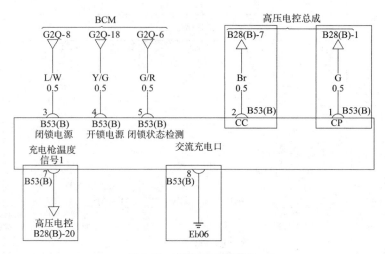

图 1-26 交流充电连接信号

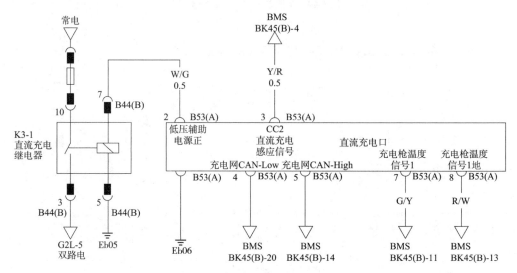

图 1-27 直流充电连接信号

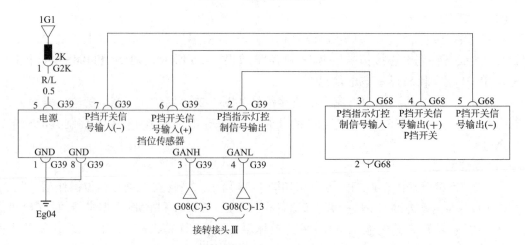

图 1-28 比亚迪 E5 纯电动汽车换挡信号电路

(5)真空压力信号。

比亚迪 E5 纯电动汽车制动系统采用电动真空助力系统进行制动助力,通过电动真空泵来制造真空。汽车运行时,整车控制系统需要知道真空助力系统的真空度大小来控制真空泵的工作与否,因比亚迪 E5 纯电动汽车没有整车控制器,真空泵压力信号直接给主控制器,用于控制真空泵工作,其电路如图 1-29 所示。

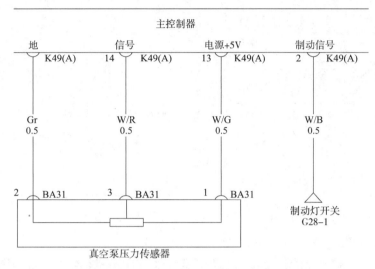

图 1-29　比亚迪 E5 纯电动汽车真空压力检测电路

(6)温度信号。

比亚迪 E5 纯电动汽车驱动系统冷却液温度信号电路如图 1-30 所示。冷却液温度信号直接给主控制器,主控制器控制冷却风扇工作。

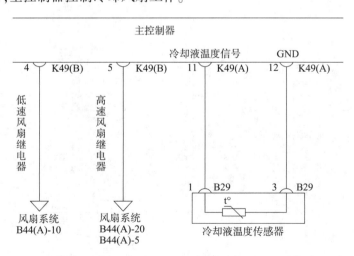

图 1-30　比亚迪 E5 纯电动汽车驱动系统冷却液温度检测电路

5.整车控制系统输出信号与电路

(1)接触器控制。

比亚迪 E5 纯电动汽车的高压系统接触器全都由 BMS 控制,如图 1-31 所示。比亚迪 E5 纯电动汽车高压系统的接触器分别位于动力蓄电池内部和高压电控总成内部。动力蓄电池内部有动力蓄电池正、负极接触器,高压电控总成内部有主接触器和直流快充正、负极接触器。

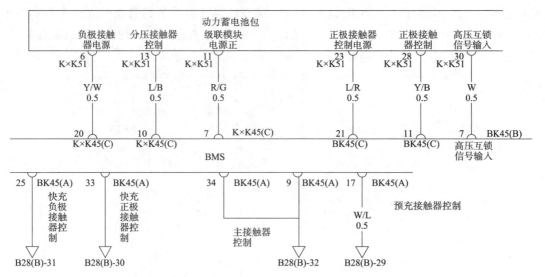

图1-31 比亚迪E5纯电动汽车接触器控制电路

（2）真空泵控制。

比亚迪E5纯电动汽车的真空助力系统控制电路如图1-32所示。它采用了冗余设计,当主控制器接收到真空压力传感器信号超出正常限值时,2号主控制器或者12号引脚控制真空泵继电器接地,电动真空泵供电回路导通,电动真空泵工作,提供真空,保证助力系统的正常工作,冗余设计的目的是提高工作的可靠性。

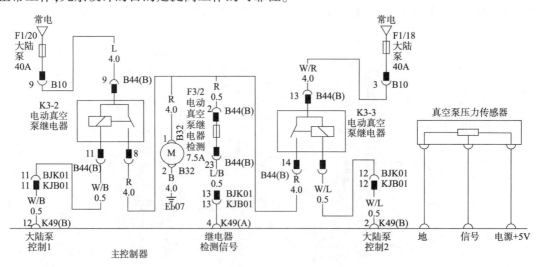

图1-32 比亚迪E5纯电动汽车真空助力系统控制电路

（3）冷却风扇控制。

比亚迪E5纯电动汽车冷却风扇控制电路如图1-33所示,分为两类:不带无级风扇和带无级风扇。不带无级风扇时,主控制器(主控ECU)通过控制高低速风扇继电器的通/断来控制风扇转速;带无级风扇时,主控制器(主控 ECU)通过控制无级风扇调速模块来控制风扇转速。

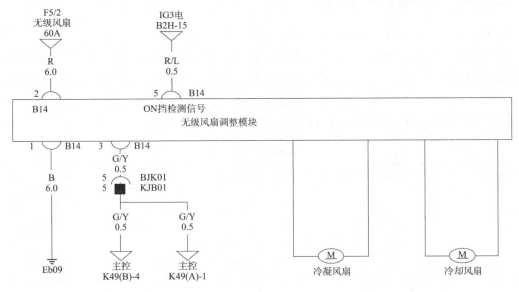

图 1-33　比亚迪 E5 纯电动汽车冷却风扇控制电路

(4)冷却水泵控制。

比亚迪 E5 纯电动汽车中采用强制水冷的部件有驱动电机、高压电控总成(内部集成电机控制器、车载充电机、DC/DC 等)和动力蓄电池,分为两路冷却系统:驱动冷却系统和蓄电池冷却系统。

驱动冷却系统的水泵是常转的,其电路如图 1-34a)所示。只要有双路电就会一直工作,即上 OK 电或充电时都一直在工作,给高压电控总成和驱动电机散热。比亚迪 E5 纯电动汽车动力蓄电池冷却系统水泵由动力蓄电池热管理控制器控制,其电路如图 1-34b)所示,当动力蓄电池需要冷却时,动力蓄电池热管理器控制 32 号端子搭铁,蓄电池冷却水泵继电器吸合,冷却水泵开始工作。

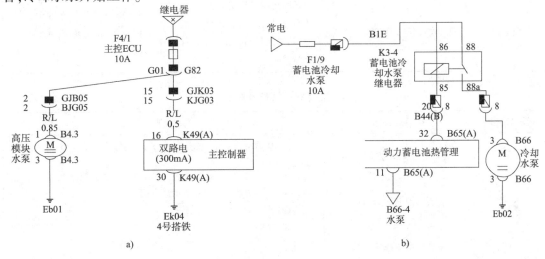

图 1-34　比亚迪 E5 纯电动汽车冷却水泵控制电路

(五)整车控制器的故障诊断

1. 整车控制系统的故障分级

整车控制系统根据 VCU、动力蓄电池、驱动电机、DC/DC 变换器、整车 CAN 网络等的状态，判断故障对整车的影响，以此判断故障的等级，从而采取对应的系统响应。整车控制系统故障按照对整车影响程度的不同，一般分为 4 个等级，见表 1-1；同时，整车控制器会控制相应的故障指示灯点亮，部分指示灯符号意义见表 1-2。

整车控制系统故障分级　　　　　　　　　　　　　　表 1-1

故障等级	故障影响	系统响应	故障示例
一级故障	致命故障，会对车辆和人员安全造成非常严重的影响	紧急断开高压电路	MCU 直流母线过电压、动力蓄电池系统一级故障等
二级故障	严重故障，车辆无法运行	对应驱动电机系统的二级故障，将驱动电机的转矩降为零；对应动力蓄电池系统二级故障，限制动力蓄电池的放电电流小于 20A	MCU 过电流故障、电机节点丢失故障、IGBT 故障、旋变故障、挡位信号故障等
三级故障	一般故障，车辆可在低性能状态下运行	进入跛行模式，车辆以低性能运行	加速踏板信号故障
		降低驱动电机的功率	MCU 开启驱动电机超速保护
		限功率，动力蓄电池以小于 7kW 的输出功率运行	SOC 小于 1%、单体蓄电池欠电压、内部通信、硬件等三级故障
		限速，车辆以低于 15km/h 的速度行驶	低压系统欠电压故障、制动系统故障
四级故障	轻微故障，不影响车辆运行	四级故障属于维修提示，VCU 不对整车限制，仅在仪表盘显示；四级能量回收故障时仅停止能量回收，不影响车辆行驶	驱动电机温度传感器异常、直流欠电压、DC/DC 变换器异常等故障

报警指示灯符号意义　　　　　　　　　　　　　　表 1-2

指示灯图案	指示灯名称	说明
	动力蓄电池充电连接指示灯	工作于所有电源挡位：导线直接传输，(车端)插上充电枪时，点亮指示灯
	动力蓄电池电量低指示灯	1. SOC 小于或等于 20%，指示灯点亮； 2. SOC 大于 20%，指示灯熄灭
	动力系统故障警告灯	故障

续上表

指示灯图案	指示灯名称	说明
	动力蓄电池过热警告灯	故障
	动力蓄电池故障警告灯	故障
	电机冷却液温度过高警告灯	故障
	电机过热警告灯	故障

2. 整车控制器的常见故障诊断与处理

整车控制器的常见故障有 VCU 故障、VCU 与挡位传感器的连接故障、VCU 与加速踏板位置传感器的连接故障、VCU 与制动踏板开关的连接故障、VCU 与车载充电机的连接故障、VCU 与 DC/DC 变换器的连接故障、VCU 与 MCU 的连接故障、VCU 与 BMS 的连接故障、VCU 与空调控制器的连接故障、VCU 与高压互锁故障等,当 VCU 与子系统中的控制模块发生通信故障时,可以通过故障诊断仪访问 VCU,查看 VCU 与该控制模块有无"通信丢失"故障码,来确认 VCU 与此控制单元的连接故障。

(1) VCU 故障。

当 VCU 出现烧损、连接故障或电源供电故障时,整车控制系统无法工作。此时,车辆无法起动,用诊断仪连接 OBD 诊断接口时,诊断仪无法与车辆通信。对于此类故障,应先检查 OBD 诊断接口是否正常;然后检查 VCU 的电源电路,查看其供电是否正常、搭铁是否良好;最后检查 CAN 总线通信是否正常。如果以上检查均正常,则说明 VCU 故障,应更换 VCU。

(2) VCU 与加速踏板位置传感器的连接故障。

加速踏板位置传感器内设有两个霍尔式位置传感器,当加速踏板传感器出现故障时,VCU 将无法确定驾驶人对车辆运行的转矩需求,MCU 无法控制驱动电机输出电流,车辆将不能行驶。此类故障,可先通过诊断仪查看故障代码和数据流进行验证(通过踩加速踏板观察信号状态变化来确定),然后采用万用表排查线路,确定故障点,如图 1-35 所示。

(3) VCU 与制动踏板开关的连接故障。

制动开关内部有一组联动开关,向 VCU 发送两组信号。VCU 根据收到的起动信号和制动信号,控制高压系统上电。如果制动开关 1 的信号出现故障,VCU 将禁止高压系统上电,如果制动开关 2 的信号出现故障,VCU 将发送信号至 MCU,使车辆在行驶挡位中的行驶功能失效,电机控制器无电流输出,整车不能行驶。对于此类故障,应先踏下踏板检查制动灯是否点亮,然后通过诊断仪读取故障码、数据流分析故障范围,最后用万用表查找故障点,如图 1-36 所示。

(4) VCU 与挡位控制器的连接故障。

VCU 与挡位传感器连接以获取挡位(前进挡、空挡、倒挡)信息,并据此控制驱动电机运行状态。当两者出现连接故障时,纯电动汽车的挡位控制功能失效,将导致车辆无法行驶。对于此类故障,应先通过故障诊断仪读取故障码,然后用万用表检测挡位控制器电源电路、挡位传感器输出信号、挡位控制器与 VCU 之间的信号传输电路是否正常,如图 1-37 所示。

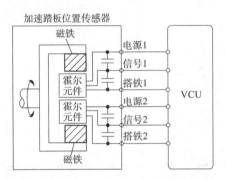

图 1-35 VCU 与加速踏板位置传感器电路

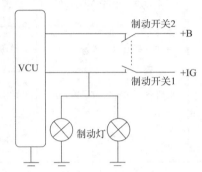

图 1-36 VCU 与制动踏板开关电路

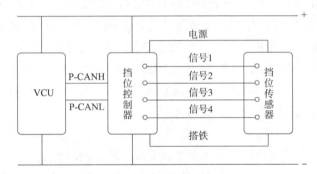

图 1-37 VCU 与挡位传感器电路

(5) VCU 与车载充电机的连接故障。

如图 1-38 所示,当插上充电枪后,充电连接信号线 CC 经充电枪内部电阻与 PE 线搭铁连接,车载充电机向 VCU 发出连接确认信号,VCU 点亮仪表盘充电连接指示灯,当车载充电机自检正常后发出充电唤醒信号,VCU、BMS 进行自检,自检正常,车辆进入充电状态,同时点亮仪表盘充电指示灯,当车载充电机与 VCU 出现连接故障时,车辆可正常上高压,但因 VCU 无法获取连接确认信号和充电唤醒信号,此时仪表盘充电连接及充电指示灯均不亮,车辆无法充电。对于此类故障,应先检查 CC 和 PE 电路是否正常,然后检查车载充电机至 VCU 的连接确认和充电唤醒信号及 CAN 通信线路是否正常。

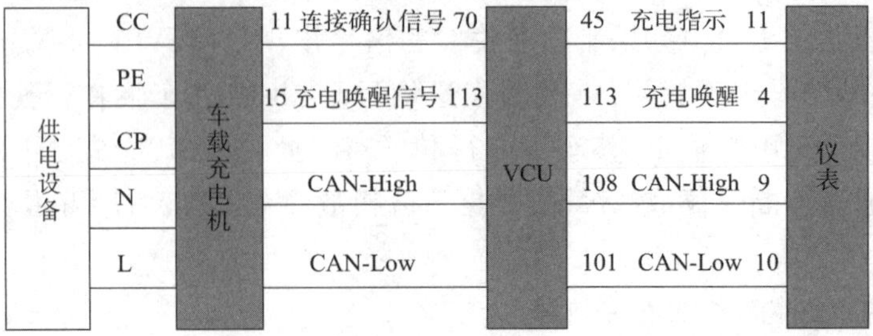

图 1-38 车载充电机与 VCU 的通信原理

(6) VCU 与 DC/DC 变换器的连接故障。

VCU 与 DC/DC 变换器的连接电路如图 1-39 所示。当需要动力蓄电池为低压蓄电池充电时,DC/DC 变换器接收 VCU 发出的使能信号,将动力蓄电池的高压直流电变压后输送给低压蓄电池;同时,VCU 对 DC/DC 变换器进行监控,DC/DC 变换器在发生故障时会向 VCU 上报故障信息;当 VCU 与 DC/DC 变换器出现连接故障时,动力蓄电池无法为低压蓄电池充电,低压蓄电池故障指示灯点亮。对于此类故障,在检查确认高压输入电路正常的情况下,首先检查 DC/DC 变换器低压电源、搭铁是否正常,其次检查 DC/DC 变换器与 VCU 的连接的使能电路是否正常,若正常,则更换 DC/DC 变换器。

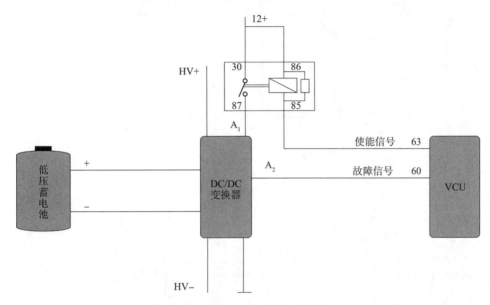

图 1-39　VCU 与 DC/DC 变换器的连接电路

(7) VCU 与 MCU(驱动电机控制器)的连接故障。

VCU 向 MCU 发送转矩需求信号,MCU 向 VCU 反馈驱动电机的转速、温度和 MCU 的温度等信息,两者之间通过 CAN 总线进行通信。当出现 VCU 与 MCU 的连接故障时,车辆无法行驶,仪表盘无驱动电机的转速、温度等数据显示。对于此类故障,通过诊断仪访问 VCU,会读取到 VCU 与 MCU 无法通信故障码,应检查 MCU 及其与 VCU 的通信线路是否正常。

(8) VCU 与 BMS 的连接故障。

VCU 向 BMS 发送电能需求信号,BMS 向 VCU 反馈蓄电池电量、温度、电压、电流等信息,两者之间通过 CAN 总线进行通信。当出现 VCU 与 BMS 的连接故障时,仪表上将不显示 SOC 信息,BMS 不控制高压接触器吸合,车辆无法起动。对于此类故障,首先通过故障诊断仪访问 VCU,读取与 BMS 有关的故障码,在确定 BMS 供电与搭铁正常情况下,检查 BMS 与 VCU 的通信线路是否正常,如图 1-40 所示。

注:部分车型的总负继电器是由 VCU 控制的,故还需检查总负继电器及其连接线路是否正常。

(9) VCU 与空调控制器的连接故障。

VCU 通过 CAN 线接收来自空调控制器输入的 A/C、冷/暖模式选择、空调压力开关、蒸发器温度等信号；经信号解析后通过导线控制冷凝器冷却风扇低速运转。冷却风扇在运行过程中，如果制冷系统压力超过设定值，压力开关闭合，空调控制器向 VCU 发送冷却风扇高速起动信号。当 VCU 与空调控制器出现连接故障时，空调压缩机、PTC 无法启动。对于此类故障，首先通过故障诊断仪访问 VCU 与空调控制器读取故障码，然后用万用表检测空调控制器电源电路、空调控制器与 VCU 之间的 CAN 线连接是否正常，若正常；更换空调控制器，如图 1-41 所示。

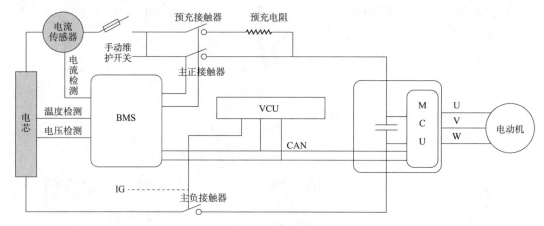

图 1-40　VCU 与 BMS 的连接电路

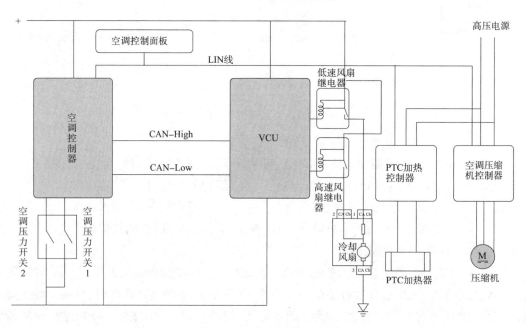

图 1-41　VCU 与空调控制器连接电路

（10）VCU 与高压互锁故障。

整车控制器 VCU 通过设置于高低压线束插接器和 PEU 盖板上的高压互锁装置，监测电机控制器（PEU）、车载充电机（OBC）、空调压缩机（AC）、PTC 加热器 4 个高压模块的连接情况，VCU 通过反馈的电压值识别高压互锁回路的状态，当高压插接件断开时，VCU 没有收到反馈电压,则不允许高压上电继电器吸合,此时车辆不能上高压电。VCU 监测下的高压互锁电路如图 1-42 所示。此故障可用故障诊断仪读取其存储的故障码确定,通过使用万用表逐段排查,找到故障点。

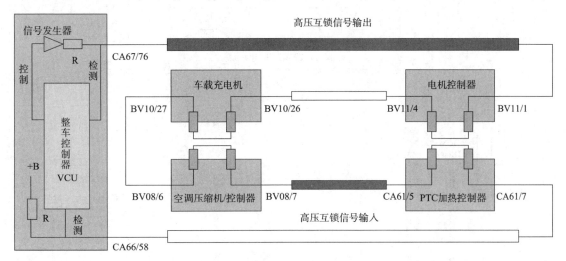

图 1-42　VCU 监测下的高压互锁电路

二、任务实施

(一) 工作准备

(1) 防护装备:常规实训着装。
(2) 车辆、台架、总成:吉利纯电动汽车或其他同类新能源车辆。
(3) 专用工具、设备:汽车诊断仪、万用表、汽车举升机或其他适用的设备。
(4) 手工工具:组合工具。
(5) 辅助材料:无。

(二) 实施步骤

吉利帝豪 EV450 纯电动汽车上电时,"REDAY"指示灯不能点亮,车辆不能行驶,使用诊断仪无法与车辆通信,可能是 OBD 诊断接口故障、OBD 诊断接口与 VCU 之间的 CAN 总线通信故障、VCU 自身故障等原因所致,故应逐一检查,确定故障位置,然后对故障部件进行维修。相关检修步骤如下。

(1) 检查 OBD 诊断接口与电路[图 1-43a)、图 1-43b)]。将点火开关置于"ON"挡,用万用表检测端子 16(+)与端子 4(-)之间的电压,正常应为 12V(低压蓄电池电压)。若检测值与此值不符,则检查对应的熔断器 IF07、线束及插接件是否正常。若发现熔断器熔断,则更换熔断器;若有线束或插接件连接异常,则重新连接或更换线束及插接件;若检查均正常,则进入下一步。

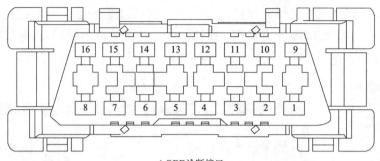

a) OBD诊断接口

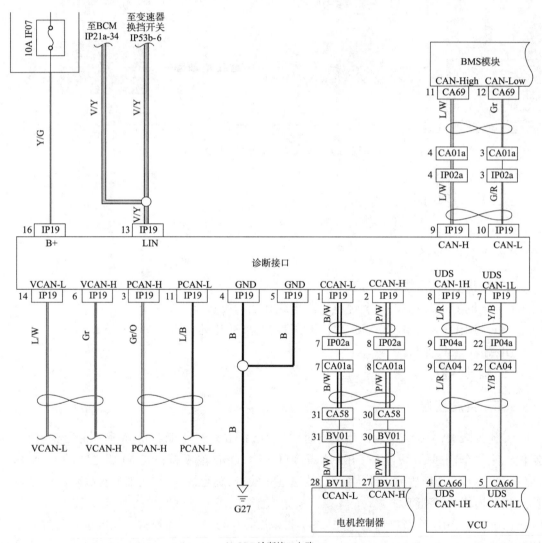

b) OBD诊断接口电路

图1-43 OBD诊断接口及电路

（2）检查VCU电源电路（图1-44）。将点火开关置于"ON"挡，用万用表分别检查VCU端子12、50和端子26、54的对地电压，正常均应为12V（低压蓄电池电压）。若检测值与此值不符,则检查两端子对应的熔断器 EF29 和 EF19 是否熔断,并检查相关线束及插接件是否正常。若发现熔断器熔断,则更换熔断器;若有线束或插接件连接异常,则重新连接或更换线束及插接件;若检查均正常,则进入下一步。

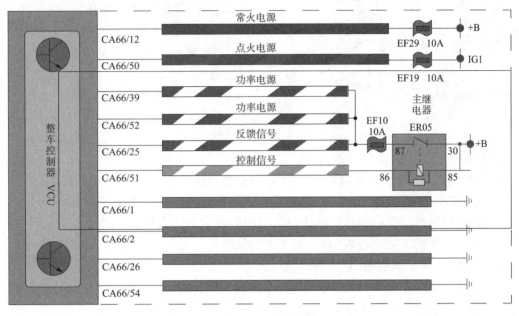

图1-44　VCU 电源电路

（3）检查 CAN 总线。关闭点火开关,用万用表检查 OBD 诊断接口端子 7 与端子 8 之间的电阻值,正常应为 60Ω。若检测值与此值不符,则检查相应 CAN 总线线束及插接件是否正常。若线束或插接件连接异常,则重新连接或更换线束及插接件。

（4）若以上检查均正常,则表明 VCU 故障,应更换 VCU。更换完成后,起动车辆,查看故障是否排除。

（5）整车控制器的更换。

①整车控制器的更换步骤如下：

a. 打开车门,安装三件套:转向盘套、座椅套、脚垫。

b. 确保起动开关关闭,拉动机舱盖拉手,打开机舱盖,安装翼子板布、前格栅布,如图 1-45 所示,取下蓄电池负极,可靠搭铁。

图1-45　安装翼子板布、前格栅布,安装三件套

c. 拔下整车控制器插接器插头,拆下整车控制器4个固定螺栓,如图1-46所示。

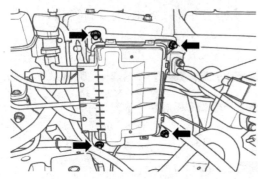

图1-46 拆下整车控制器4个固定螺栓

d. 取下整车控制器。

e. 更换新的整车控制器。

f. 安装整车控制器4个固定螺栓,注意力矩:8N·m(公制),5.9lb·ft(英制)。

g. 安装整车控制器连接插头,注意:一插、二响、三确认。

h. 安装蓄电池负极,取下翼子板布,格栅布,关闭机舱盖,取下三件套。

i. 起动汽车,检查汽车是否正常上电。

②更换整车控制器后的编程和设置。

a. 将本车遥控钥匙放入可以被认证的区域内,将诊断仪连接至OBD诊断接口。

b. 按下起动开关使电源模式至"ON"位置,开启诊断仪,选择"帝豪EV350/450"。

c. 选择"整车控制器(VCU)",进入"整车控制器(VCU)"系统。

d. 选择"写数据功能",进入"写数据功能"界面。

(a)选择"写车辆识别码(VIN码)",进入"写车辆识别码(VIN码)"界面。

(b)弹出"输入数据"界面,输入17位车辆识别码(VIN码),点击确认,写入完毕。点"退出",进入"整车控制器(VCU)"系统。

e. 选择"写入ESK",弹出"写入ESK码"选择;选择是,弹出"写入数据"界面,写入ESK码,点击确认,ESK码写入成功。

任务2 整车总线通信系统检修

任务描述

一辆比亚迪E5纯电动汽车仪表ABS/ESP点亮,采用诊断仪器读取故障码时,出现诊断仪器不能与ABS/ESP、REPS、EPB控制模块通信故障,经检查是网关控制器内ESC网络终端电阻出现短路故障。请问你了解整车总线通信系统吗?当出现此类故障时,你能否检测出此故障?

一、知识准备

(一)CAN总线技术

传统的数据交换形式是通过模块间专设的导线完成点对点的通信,如图1-47a)所示。数据量的增加必然导致车身线束的增加;庞大的车身线束不仅增加了制造成本,而且还占用空间,增大了整车质量。线束的增加还会增加因线束老化而引起电气故障的可能性,降低系统的可靠性。CAN 总线技术是将车载控制模块通过计算机网络技术连接起来,实现数据信息的高效传输。车载网络形式多种多样,目前应用最为广泛的是控制器局域网络(Controller Area Network),即所谓的 CAN BUS 系统。

采用 CAN BUS 数据总线进行信息传递如图 1-47b)所示,CAN 网络通信采用串行通信协议,各控制单元之间的所有信息都通过两根数据线进行交换,相同的数据只需在数据系统中的传递一次;信息传递不受控制单元的多少和信息容量的大小限制。

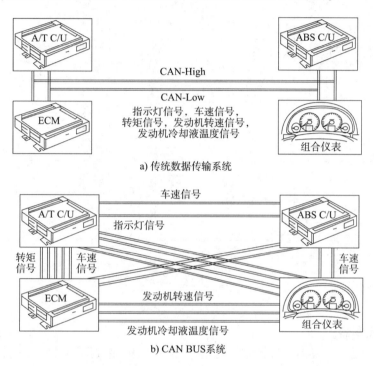

图 1-47 传统数据传输系统与 CAN BUS 系统对比图

1. CAN 总线的组成

CAN 数据总线系统主要由控制器、收发器、数据终端电阻和数据传输线等组成。除数据传输线外,其他元件都置于控制单元内部。CAN BUS 数据总线系统组成如图 1-48 所示。

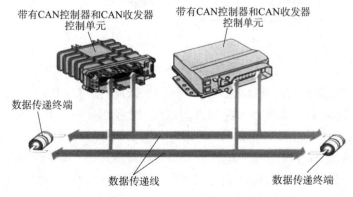

图 1-48 CAN BUS 数据总线系统组成

(1) CAN 控制器。

CAN 控制器(CAN 构件)的作用是接收控制单元中微处理器发出的数据、处理数据并传给 CAN 收发器;同时,CAN 控制器也接收收发器收到的数据、处理数据并传给微处理器,如图 1-49 所示。

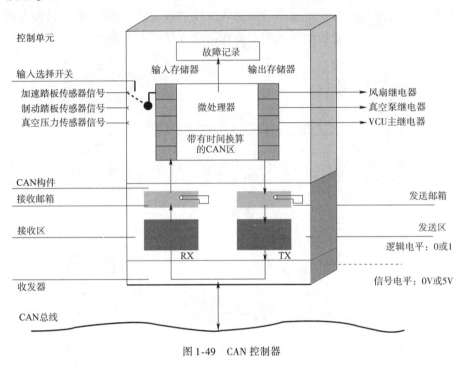

图 1-49 CAN 控制器

(2) CAN 收发器。

CAN 收发器是一个发射器和接收器的组合,能双向传递数据,它将 CAN 控制器的数据转化为电信号,通过数据线发送出去,同时,接收数据线数据并发送给 CAN 控制器,如图 1-50 所示。

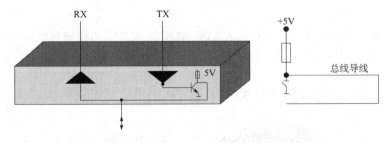

图 1-50 CAN 收发器

由于不同区域车载网络的速率和识别代号不同,因此,信号要从一个总线区域进入另一个总线区域,必须对它的识别代号和速率进行改变,能够让另一个数据总线系统接收,这个任务由网关(Gateway)来完成,如图 1-51 所示。另外,网关还具有改变信息优先级的功能,如车辆发生相撞事故,安全气囊控制单元会发出负加速度传感器的信号,这个信号的优先级在动力系统总线中是非常高的,但转到舒适系统车载网络后,网关调低了它的优先级,因为它在舒适系统中的功能只是打开车门和灯。

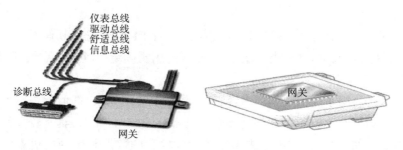

图 1-51　CAN 数据总线网关

（3）数据终端电阻。

数据终端电阻是一个电阻器，每个电阻的电阻值为 120Ω，其作用是防止信号在传输过程中因回波反射造成对信号的叠加，从而使信号产生失真，影响数据的正常传输，如图 1-52 所示。

图 1-52　数据终端电阻

（4）数据传输线。

CAN 数据总线是用以传输数据的双向数据线，分为 CAN 高位（CAN-High）和低位（CAN-Low）数据线。数据通过数据总线发给各控制单元，各控制单元接收后计算。为了防止外界电磁波干扰和向外辐射，CAN 总线采用两条线缠绕在一起。两条线的电位是相反的，如果一条线电压是 5V，另一条线就是 0V，两条线的电压和总等于常值。通过这种方法，CAN 总线得到保护而免受外界电磁场干扰，同时 CAN 总线向外辐射也保持中性，即无辐射，如图 1-53 所示。

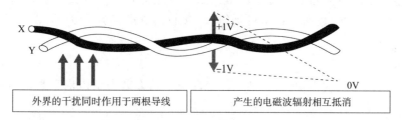

图 1-53　CAN 数据传递线

2. 车载局域网络系统的信息传输过程

（1）CAN 信息的结构。

CAN BUS 所传递的信息为数字信号，每个完整信息分别由开始区、状态区、检查区、数据区、安全区、确认区和结束区所构成，如图 1-54 所示。

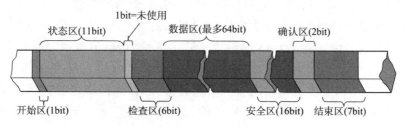

图 1-54　CAN 信息的结构

①开始区。

标志数据开始。带有大约 5V 电压(由系统决定)的 1 位被送入高位 CAN 线;带有大约 0V 电压的 1 位被送入低位 CAN 线。此外,开始区还用于确定与其他节点硬件的同步。

②状态区。

该区包括 11 位,用于标识数据的内容,判定数据中的优先权,低值标识符代表数据的较高级优先顺序。如果两个控制单元都要同时发送各自的数据,那么,具有较高优先权的控制单元优先发送。例如,BMS 发送的动力蓄电池温度信息的数据和驱动电机温度信息的数据相比,前者通常具有更低值的标识符,具有优先发送的权利。

③检查区。

该区共包括 6 位。前 2 位为显性,以备将来应用。后 4 位包括随后的数据区中字节的数量,其值为 0~8,在本部分允许任何接收器检查是否已经接收到所传递过来的所有信息。

④数据区。

数据区表示传递的信息所对应的数据,最多可达 64 位(8Byte)。在数据区中,信息被传递到其他控制单元。

⑤安全区。

安全区包括一个用于错误检测的 15 位数列和一个定界符位。发送数据和接收信息的控制单元用于检查和比较传递信息所发生的变化(检测传递数据中的错误)。

⑥确认区。

确认区包括隐性传输的空格位及通常为隐性的定界符位。在此,接收器信号通知发送器,接收器已经正确收到数据。若检查到错误,接收器立即通知发送器,发送器然后再发送一次数据。

⑦结束区。

结束区表示数据完成,它通常包括 7 位隐性位。结束区表示该信息数据传递结束,这里是显示错误并重新发送数据的最后一次机会。

注:显性电平在逻辑层面表现为 0,隐性电平在逻辑层面表现为 1,如某车型 CAN 总线为"隐性"(逻辑 1)时,CAN-High 和 CAN-Low 的电平为 2.5V(电位差为 0V);CAN 总线为"显性"(逻辑 0)时,CAN-High 和 CAN-Low 的电平分别是 3.5V 和 1.5V(电位差为 2.0V 左右)。

(2)数据传输过程。

①发送过程。

如图 1-55 所示,驱动电机控制单元接收到传感器发送来的转速值(如车速),该值以固定的周期(循环往复地)到达微处理器的输入存储器内。由于此转速值还用于其他控制单元(如组合仪表),所以该值应通过 CAN 总线来传递。于是,转速值就被复制到驱动电机控制单元的发送存储器内。该信息按协议被转换成 CAN 的特殊格式从发送存储器进入 CAN 构件的发送邮箱内。如果发送邮箱内有一个实时值,那么该值会由发送特征位(举起的小旗)显示出来。将发送任务委托给 CAN 构件,驱动电机控制单元就完成了此过程中的任务。

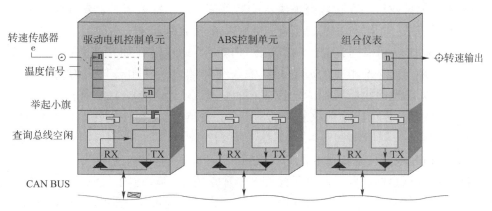

图1-55　发送过程

如图1-56所示,CAN构件通过RX线来检查总线是否空闲(是否正在交换别的信息),必要时会等待,直至总线空闲下来为止。如果总线空闲下来(某一时间段内的电平1,无源),驱动电机控制单元的信息就会被发送出去。

②接收过程。

接收过程分为两步:第一步,检查信息是否正确(在监控层);第二步,检查信息是否可用(在接受层)。

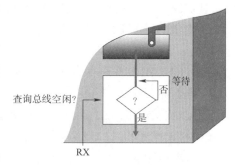

图1-56　总线空闲查询

发送器在发送每个信息时,所有数据位会产生并传递一个16位的校验和数;所有连接的装置都接收驱动电机控制单元发送的信息(广播),并通过监控层内的循环冗余码校验(Cycling Redundancy Check,CRC)校验和数来确定是否有传递错误,同时接收器按同样的规则从所有已经接收到的数据位中计算出校验和数。随后,接收到的校验和数与计算出的校验和数进行比较,检查这些信息是否正确,如图1-57所示。

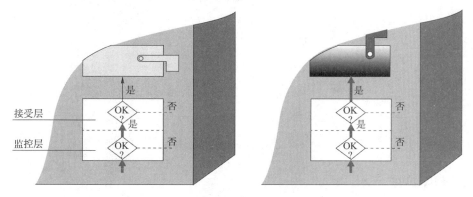

图1-57　信息检查

如果确定信息无传递错误,则连接在CAN总线上的所有装置均给发射器一个确认回答,即信息收到符号(Acknowledge,Ack),它位于校验和数后;已接收到的正确信息将会到达相关CAN构件的接收区。在接收区来决定该信息是否用于完成各控制单元的功能,如果不是,该信息就被拒收;如果是,该信息就会进入相应的接收邮箱。

连接的组合仪表则根据升起的"接收旗"判断有一个信息(如转速)在排队等待处理。组合仪表调出该信息并将相应的值复制到输入存储器内。在组合仪表内,转速经微处理器处理后到达执行元件并最后到达转速表(即车速表)。这个信息交换过程按设定好的循环时间(如每10ms)在持续地重复进行。于是,通过CAN构件发送和接收信息的过程结束。

(3) CAN BUS系统信息传输的优先权判定。

由于CAN数据总线在同一时刻只允许一个数据传递,如果多个控制单元要同时发送各自的数据,那么数据总线上必然会发生数据冲突。为了避免发生这种情况,CAN总线是通过识别各个控制单元发送信息时的标识符来判定信息传输顺序的,标识符内设有发送数据优先级别的信息,具有更高优先权的数据可进行优先发送。例如,基于安全考虑,ABS控制单元提供的数据比其他舒适系统的控制单元提供的数据更重要,因此具有优先发送的权力。

3. CAN BUS系统信息传输波形

图1-58所示为CAN数据总线信息传输信号波形。CAN高位和低位数据线的信号电压为相互对称分布。当CAN总线没有数据传输时,为静止状态,也称隐性状态,此时CAN-High导线和CAN-Low导线的对地电压称为静止电平(也称隐性电平),简称静电平。当有数据传输时,CAN高位数据线与CAN低位数据线电压为呈反向变化系列的矩形波,也称显性状态。

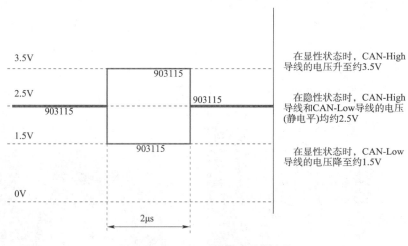

图1-58 CAN BUS系统信息传输波形

(二) LIN总线技术

LIN是局部互联网的简称,也被称为局域网子系统,即LIN总线是CAN总线网络下的子系统,车上各个LIN总线系统之间的数据交换是由控制单元通过CAN数据总线实现的,LIN总线是面向传感器或执行器管理的低速网络,它的位传输速率通常小于20kb/s。

1. LIN 总线的定义

LIN 总线是一种新型低成本的开放式串行通信协议,主要用于车内分布式电控系统,尤其是面向智能传感器或执行器的数字化通信场合,LIN 总线在汽车中一般不独立存在,通常会与上层 CAN 网络相连,形成 CAN-LIN 网关节点,如图 1-59 所示。

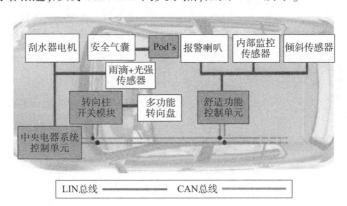

图 1-59　LIN 总线标识图

2. LIN 总线的特征

(1) 最大传输速率为 19.2kb/s,传输最长距离为 40M。

(2) 成本低,基于通用异步收发传输器(Universal Asynchronous Receiver/Transmitter,UART)接口,几乎所有微型计算机控制器都具备 LIN 必需的硬件。

(3) 只需要一根数据传输线。

(4) 单主控制器/多从控制器设备模式无须仲裁机制,通过单主/多从的原则保障系统安全。

(5) 节点不需要振荡器就能实现同步,节省了硬件成本。

(6) 保证信号传输的延迟时间。

(7) 不需要改变 LIN 节点上的硬件和软件就可以在网络上增加节点。

(8) 通常一个 LIN 网络节点数目小于 12 个,共有 64 个标志符。

3. LIN 总线的组成和工作原理

LIN 总线主要由 LIN 总线主控单元、数据传输线、LIN 从控单元组成。

(1) LIN 主控制单元。

LIN 主控制单元连接 CAN 数据总线上,如图 1-60 所示。

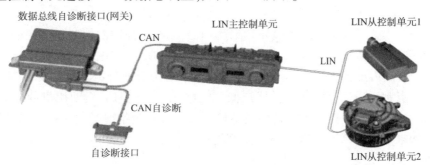

图 1-60　LIN 主控制单元与 CAN 总线连接图

LIN 主控单元的功能和特点如下：

①监控数据传递和数据传递的速率，发送信息标题。

②该控制单元的软件内已经设定了一个周期，这个周期用于决定何时将哪些信息发送到 LIN 数据总线上多少次。

③该控制单元在 LIN 数据总线系统的 LIN 控制单元与 CAN 总线之间起"翻译"作用，它是 LIN 总线系统中唯一与 CAN 数据总线相连的控制单元。

④LIN 从控制单元的自诊断是通过 LIN 主控制单元进行的。

(2) LIN 从控制单元。

空调系统中的 LIN 从控单元电路结构如图 1-61 所示。

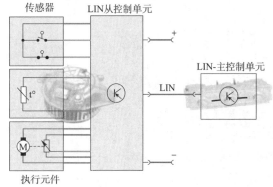

图 1-61　LIN 从控单元电路结构图

LIN 从控制单元的特点如下：

①接收、传递或忽略与从主节点接收到的主任务（起始报文/信息标题）相关的数据。

②可以通过一个"叫醒"信号，唤醒主节点。

③检查所接收数据总量和所发送数据的总量。

④同主节点的同步字节保持一致。

⑤只能按照主节点的要求同其他从节点进行数据交换。

⑥LIN 执行元件都是智能型的电子或机电部件，这些部件通 LIN 主控制单元的 LIN 数字信号接受任务。

⑦LIN 主控制单元获知 LIN 从控制单元（执行元件）的实际状态是通过集成在其上的传感器来进行的，然后进行规定状态和实际状态的对比。

⑧在 LIN 数据总线系统内，单个的控制单元（如新鲜空气鼓风机）或传感器及执行元件（如水平传感器及防盗警报蜂鸣器）都可看作 LIN 从控制单元。

⑨传感器内集成有一个电子装置，该装置对测量值进行分析。数值是作为数字信号通过 LIN 总线传递的。

⑩有些传感器和执行元件只使用 LIN 主控制单元插口上的一个针脚。只有当 LIN 主控制单元发送出标题后，传感器和执行元件才会作出反应。

4. LIN 总线系统的物理结构

LIN 总线系统的物理结构如图 1-62 所示。LIN 总线所控制的控制单元一般都分布在距离较近的空间，传输数据是单线，数据线最长可以达到 40m。在主节点内配置 1kΩ 电阻端接 12V 供电，从节点内配置 30kΩ 电阻端接 12V 供电。各节点通过蓄电池正极端接电阻向总线供电，每个节点都可以通过内部发送器拉低总线电压。各信号收发两用机的任何一个都可以接通所属的晶体管，由此将 LIN 总线与负极连接。在这种情况下，会由一个发送器传输一个主导位，如果晶体管都不导通，在 LIN 总线电路上为高压电。

5. LIN 总线的信号

LIN 总线信号波形如图 1-63 所示。

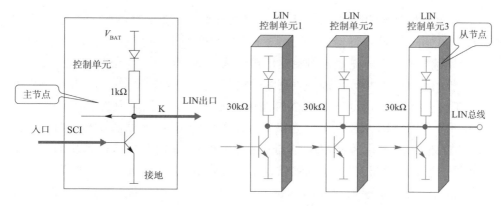

图1-62 LIN总线系统的物理结构

注：SCI 即 Serial Communication Interface，是指串行通信接口。

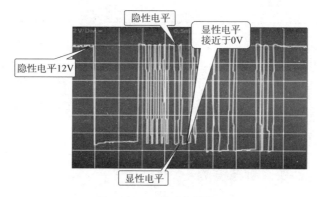

图1-63 LIN总线信号波形

（1）隐性电平：无信息发送到LIN数据总线上（总线空闲）或者发送到LIN数据总线上的是一个隐性位。

（2）显性电平：当传输显性位时，发送控制单元内的收发器将LIN数据总线接地。

6. LIN总线信息结构与工作原理

LIN总线一个报文帧由一个主机节点发送的报文头和一个主机或从机节点发送的响应组成，如图1-64所示。报文帧的报文头包括一个空白场、一个同步场和一个标识符场。报文帧的响应主要包括3~9个数据场以及1个校验和场。各数据场间空间分隔，报文帧的报文头和响应由一个帧内响应空间分隔。最小的字节间空间和帧内响应空间是0，这些空间的最大长度为报文帧的最大长度。

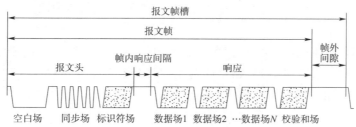

图1-64 LIN总线信息结构

LIN 总线进行信息传输时,导线上每条信息的开始处都通过 LIN 总线主控单元发送一个信息标题。它由一个同步场构成,后面部分是标识符场,可以传输 2、4、8 个字节的数据。标识符场用于确定主控单元是否会将数据传输给从控制单元。信息段包含发送到从控制单元的信息。校验和场可为数据传输提供良好的安全性。校验和场由主控制单元通过数据字节构成,位于信息结束部分。LIN 总线主控制单元以循环形式传输当前信息。

LIN 总线工作时,LIN 从控制单元等待主控制单元的指令,根据需要与主控制单元进行通信。如图 1-65 所示,车门控制模块为 LIN 主控制单元,车窗升降电机模块为 LIN 从控制单元,车门控制模块其发出控制指令后之后,车窗升降电机(执行元件)根据指令作出反应,同时位置传感器向车门控制模块反馈车窗位置信息。如果要结束休眠模式,LIN 从控制单元可自行发送唤醒信号。

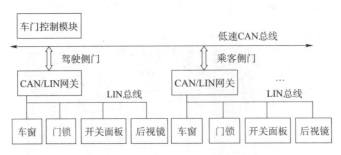

图 1-65　车门控制 LIN 总线控制结构图

(三) 整车总线故障诊断与检测

1. 车载 CAN 通信系统故障现象及原因

(1) 车载 CAN 通信系统故障现象。

车载网络系统发生故障时,一般都有一些明显的故障特征。当出现总线系统故障时,其故障现象会很特殊,有时整个系统会"瘫痪",车辆上装备的某套数据总线系统内的电控单元不能通过总线互相通信,造成车辆功能异常,甚至诊断仪也不能对该系统进行通信诊断;有时是单个(或若干)控制单元失去通信。故障现象主要有以下三种:

①整个网络失效或多个控制单元不工作。

②在不同系统同时表现出多个故障现象,且故障现象之间没有必然的联系。

③个别电控单元或多个电控单元在接上诊断仪后无法与诊断仪通信。

(2) 车载 CAN 通信系统故障原因。

引起车载网络系统故障的类型一般有两种,即链路故障、节点故障。

①链路故障。

车载 CAN 通信系统的链路故障,主要是通信线路短路、断路,以及由于线路物理性质引起的通信信号衰减或失真。链路故障可能会引起多个控制单元无法工作,其表现形式可能为整个网络失效、用解码器找不到相应的控制单元,也可能为若干控制单元无法通信。

②节点故障。

节点是车载网络系统的电控单元,因此节点故障就是电控单元故障。节点故障包括电控单元硬件故障和软件故障。硬件故障,即由于电控单元供电电路故障、集成电路故障、芯片故障造成的控制单元无法正常工作。软件故障,即传输协议或软件程序有缺陷或冲突,从而使车载网络系统通信出现混乱或无法工作。节点故障主要表现为"××单元通信丢失",现象比较明显,比较容易识别和排除。除此之外,还有可能是汽车电源故障引起的故障。

2. CAN通信链路故障的一般检测方法

(1) 测电阻。

CAN线是否正常,一般可以通过在诊断口测量CAN-High和CAN-Low的电阻来判断;为了避免信号反射,在CAN总线的两端分别连接一个120Ω的终端电阻,这两个终端电阻并联,并构成一个60Ω的等效电阻,如图1-66所示。关闭供电后可以在数据线之间测量这个等效电阻,通常方法是拆下蓄电池的电源线,等待约5min,使系统中的电容器充分放电,然后把一个便于拆装的控制单元(控制模块不带终端电阻)从总线上脱开,在插头上测量CAN-High导线和CAN-Low导线之间的电阻。正常电阻值在60~70Ω之间。若变为120Ω,则说明有一个终端电阻断路。若电阻无穷大表明断路,无限小表明短路,同时还需要测量该控制模块CAN导线的导通性,结合网络图来查找断点,从而准确找到原因,排除故障。

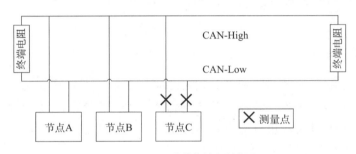

图1-66 CAN总线终端电阻布置

(2) 测电压。

通过测量CAN-High和CAN-Low的对地电压:正常情况下,CAN-High的对地电压在2.5~3.5V之间,CAN-Low的对地电压在1.5~2.5V之间;如果在0V左右表明对地短路;如果大于正常值,则可能对电源短路。

(3) 读故障码。

通过诊断仪读各模块与CAN通信相关的故障码,判断CAN通信是否正常,若通信异常时,先检查CAN线是否有故障,如果CAN线正常,再检查模块。如:当某个控制模块CAN-High或CAN-Low某一导线断路时,会导致该控制模块无法实现通信,但其他控制模块的通信还是有的。在其他的控制模块中可能读到此故障模块的故障码,替换有故障码内容涉及的控制模块,可以快速判断故障是否是由该控制模块本身造成的。

(4) 测量波形。

用示波器测量CAN-High或CAN-Low与接地之间的电压,则获得一个类矩形波信号。正常情况下CAN-High和CAN-Low上的波形电位相反(一个为高电平、另一个为低电平),而且两条线上的电位和等于常数,如图1-67所示。当CAN总线出现故障时,示波器测量的波形就会显示异常。

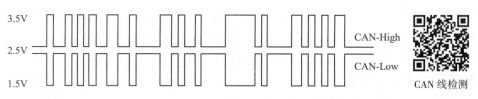

图 1-67　CAN 总线波形测量

二、任务实施

(一) 工作准备

(1) 防护装备：常规实训着装。
(2) 车辆、台架、总成：比亚迪纯电动汽车或其他同类新能源车辆。
(3) 专用工具、设备：汽车专用示波器、万用表、汽车故障诊断仪或其他适用的设备。
(4) 手工工具：组合工具。
(5) 辅助材料：无。

(二) 实施步骤

1. 测量比亚迪 E5 纯电动汽车网关控制器终端电阻及 CAN 总线电压

比亚迪 E5 纯电动汽车网关控制器位于副驾驶室,比较容易测量而且能测量所有的主要网络,所以一般在进行此类测量或检查时,首先应从网关控制器入手。网关控制器的端子及主要引脚的标号如图 1-68 所示。

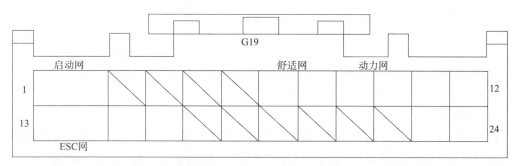

图 1-68　比亚迪 E5 纯电动汽车网关控制器的端子及主要引脚

网关控制器电路如图 1-69 所示。

(1) CAN 网络终端电阻的测量。

拔下网关控制器插头,测量插头端/网关控制器端 CAN 总线电阻时,测得为单个终端电阻的阻值;不拔网关控制器插头,通过扎背针测量 CAN 总线电阻时,测得为等效电阻。

拔下网关控制器插头,用万用表测量插头侧启动网、舒适网、动力网、ESC 网 CAN-High、CAN-Low 间的电阻值分别是：启动网 123Ω、舒适网 131Ω、动力网 113Ω、ESC 网 114Ω,见表 1-3。

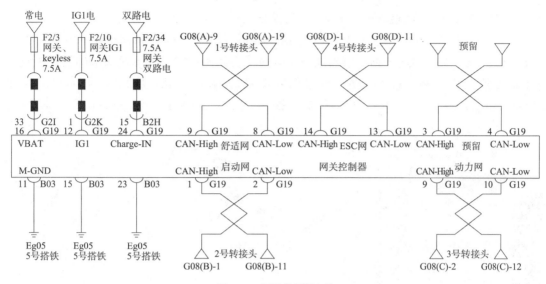

图 1-69　网关控制器电路

网关控制器 CAN 网络终端电阻的测量　　　　　　　　　　　　　　　　　　表 1-3

测量条件	拔下插头		不拔插头
测量点	插头端 1、2 号端子	网关控制器端 1、2 号端子	1、2 号端子
标准值	120Ω	120Ω	60Ω
测量条件	拔下插头		不拔插头
测量点	插头端 7、8 号端子	网关控制器端 7、8 号端子	7、8 号端子
标准值	120Ω	120Ω	60Ω
测量条件	拔下插头		不拔插头
测量点	插头端 9、10 号端子	网关控制器端 9、10 号端子	9、10 号端子
标准值	120Ω	120Ω	60Ω

（2）CAN 总线电压的测量。

比亚迪 E5 纯电动汽车 CAN 总线电压的规定值：高速动力 CAN 正常时，用万用表实际测量 CAN-High、CAN-Low 对地的电压值分别是：CAN-High（2.6V）、CAN-Low（2.3V），如图 1-70 所示。

图 1-70　CAN 总线电压的测量

2. 测量比亚迪 E5 纯电动汽车 CAN 总线波形

首先找出汽车上的 OBD 接口、CAN 总线的接口,使用示波器(如福禄克示波器)时,将示波器探头连接线一端连接到示波器通道 A 或 B 上,如图 1-71 所示;探头端的搭铁夹连接汽车蓄电池负极,探针或钩子部分连接想要测量的 OBD 插孔(如 ESC 网 CAN-High 或 CAN-Low)6 或 14 端子,如图 1-72 所示;在连接完成之后,需要对示波器进行设定才能显示。

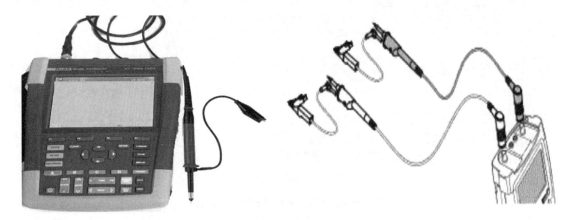

图 1-71　福禄克 4 通道示波器与测试探头的连接

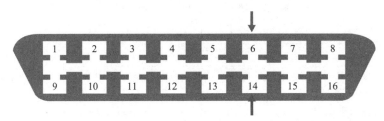

DLC端子	含义	DLC端子	含义
3	舒适网CAN-High	12	动力网CAN-High
4	车身搭铁	13	动力网CAN-Low
5	信号搭铁	14	ESC网CAN-High
6	ESC网CAN-High	16	常电
11	舒适网CAN-Low	其他	未使用

图 1-72　OBD 接口各引脚功能

(1)示波器调整。

将示波器探头和接地鳄鱼夹子分别接在 CAN 总线(CAN-High 或 CAN-Low 中的一条)与车身上。

调整方法如下:按下"RANGE"键,调整该通道的幅值,如图 1-73 所示;改变示波器屏幕上每个竖格所代表的电压值,如图 1-74 所示,每个竖格是 2V,波形的幅值占了 1 个格,所以是 2V。

按下"TIME"键调整周期,如图 1-75a)所示。改变示波器屏幕上每个横格所代表的时间值,对比所示:图 1-75b)是 10μs/格,图 1-75c)是 1μs/格,图 1-75b)示波器上显示出一个方波脉冲跨度近 2 格不够准确,将图 1-75b)中宽度较小的脉冲进行时间调整,放大到图 1-75c)所示,可以看到这个脉冲跨度为 8μs。

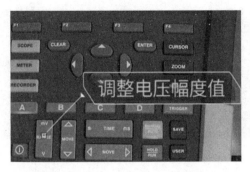
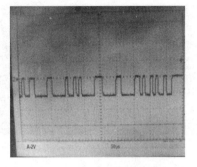

图 1-73　示波器幅值调整"RANGE"键　　　　图 1-74　示波器显示的波形幅值

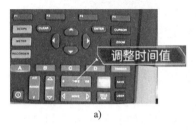
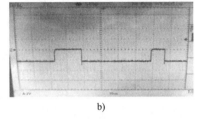
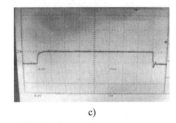

a)　　　　　　　　　　　　b)　　　　　　　　　　　　c)

图 1-75　示波器"TIME"键与显示的波形周期

（2）CAN-High 或 CAN-Low 波形分析。

打开示波器电源开关，按下通道"B"键，示波器进入双通道测量状态，将示波器探头测量线分别连接在通道"A"和"B"上，使通道"A"探头接 OBD 的 PIN6（CAN-High），通道"B"接上 OBD 的 PIN14（CAN-Low），鳄鱼夹连接上 4 号接地引脚或连接车身，如图 1-76 所示。调节垂直幅值键和时基键观察信号波形，进行 CAN 波形显示调整。

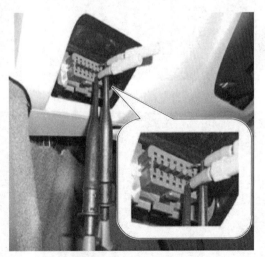

图 1-76　CAN BUS 双通道测量

CAN BUS 的正常波形，如图 1-77 所示，CAN-High 与 CAN-Low 波形一致，但极性相反。如果 CAN-High 线对地短路，则 CAN-Low 有正常传输信号波形，CAN-High 信号电压为 0V，如图 1-78a）所示。

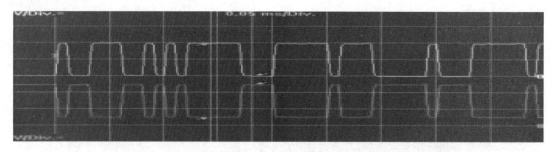

图 1-77　CAN BUS 的正常波形

CAN-Low 线对地短路时，CAN-High 有正常传输信号波形，CAN-Low 信号电压为 0V，如图 1-78b）所示。

当 CAN-High 和 CAN-Low 线都对地短路时，则两者信号皆为 0V 电压，如图 1-78c）所示。

当 CAN-High 和 CAN-Low 线互相短路时，其信号电压极性相同，波形趋于一致，如图 1-78d）所示。

当 CAN-High 线对电源短路和 CAN-Low 线对电源短路时，其检测波形如图 1-78e）、图 1-78f）所示。

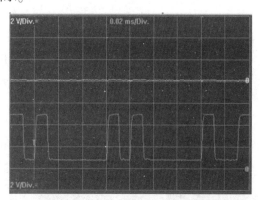

a) CAN-High线对地短路

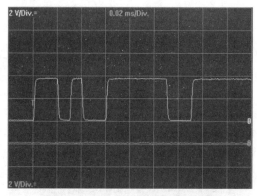

b) CAN-Low线对地短路

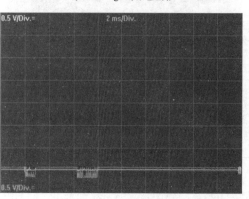

c) 当CAN-High和CAN-Low线都对地短路

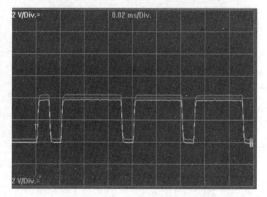

d) CAN-High和CAN-Low线互相短路

图　1-78

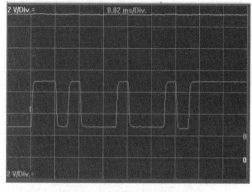 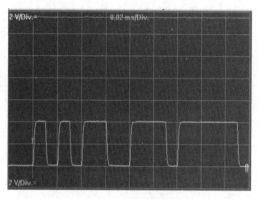

e) CAN-High线对电源短路　　　　　　　　f) CAN-Low线对电源短路

图1-78　CAN BUS 故障波形

任务3　整车车身控制系统的检修

任务描述

一辆纯电动汽车,车辆起动时,"READY"指示灯没有点亮,应急灯一直闪亮,经维修人员检查为车身控制器及其线路出现故障,更换车身控制器后故障排除。请问你了解车身控制器及车身控制系统吗？能否检修车身控制系统的一些常见故障？若车身控制器出现故障,需要进行车身控制器的更换,你知道如何更换吗？

一、知识准备

（一）电动汽车车身控制系统的认识

车身控制系统（VCU）是整车控制系统的一部分,是以车身控制器为管理核心,基于V-CAN 总线的多个控制系统的集成系统。车身控制系统包括汽车安全控制、舒适性控制和信息通信系统,主要是用于增强汽车的安全性、舒适性和方便性。

吉利帝豪 EV450 纯电动汽车车身控制系统采用了集中控制与分布式处理相结合的控制结构,各个分系统都有独立的控制器,整车控制器对整个分系统进行集中能量管理及协调控制。车身控制系统由 BCM、ESC、EPS、远程控制器、转角传感器、安全气囊模块、低速预警系统、组合仪表、360°全景影像、电子制动模块、自动空调模块、转向柱电子锁等组成,如图 1-79 所示。

（二）车身控制器功能与控制原理

车身控制器（BCM）又称车身计算机,是汽车起动的最重要部件,是汽车能正常解锁进入并正常上电的基础。车身控制器不仅对车身控制系统中多个功能部件进行集中控制，同时协调系统中各部件的工作，因此，车身控制器在汽车车身控制系统中起到至关重要的作用。

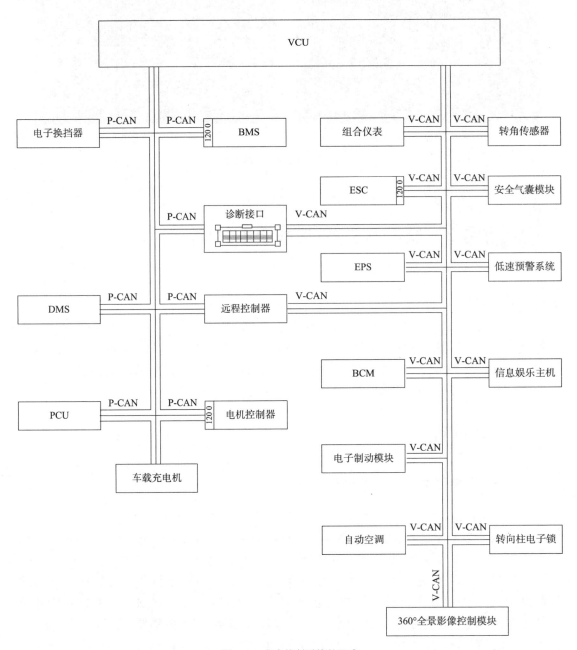

图1-79 车身控制系统的组成

车身控制器（BCM）常见的功能包括无钥匙进入和起动、防盗报警、空调、灯光、转向灯、中控锁、除霜、电动车窗、喇叭、电动后视镜、刮水器控制等。车身控制器通过总线与其他车载ECU相连。

1. 智能钥匙进入和起动系统(PEPS)

PEPS主要由车身控制单元——BCM(BCM内部集成了PEPS控制单元),2个侧门把手传感器,一键起动开关,车内前、中、后3个无钥匙进入天线,喇叭,防盗指示灯,智能钥匙及转向柱锁,整车控制单元等组成,如图1-80所示。

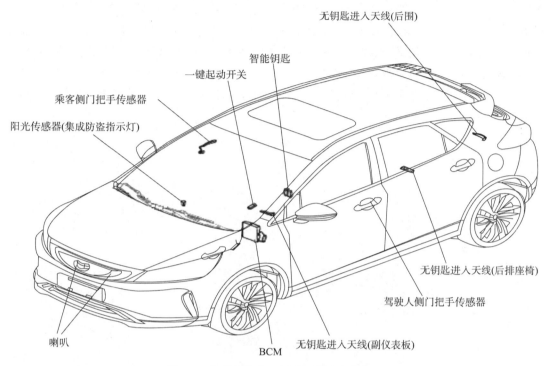

图1-80 智能钥匙进入和起动系统各部件位置

2. 无钥匙进入和起动

(1)无钥匙进入。

①车门解锁与上锁控制。

当授权的智能钥匙在距离车辆1.5m范围内,当驾驶人拉动门把手时,BCM通过门把天线探测到周围遥控器的有效信号,激活车辆天线发送低频信号给智能钥匙,智能钥匙接收到低频信号后发送带密码的高频信号给BCM控制单元,BCM控制单元接收并与自身的密码进行确认,确认是合法钥匙后将信号传给BCM内的车门锁电机控制单元,进行解锁。如果不是合法钥匙,BCM将启动防盗指示灯和防盗喇叭。一旦某一车门被打开,该车门的接触开关闭合,并向BCM传递信号,BCM根据此信号通过CAN总线向仪表发送"门打开"信号。上锁控制同理,车内有3根天线用来监测车内是否有智能钥匙,以此来实现起动车辆或者上锁功能。

②转向柱的上锁/解锁控制。

汽车起动时,PEPS控制单元识别合法钥匙,钥匙合法之后PEPS控制单元通过CAN网络传输信号给转向柱锁,通过转向柱锁中的小型电机来实现转向柱的上锁/解锁功能。

(2)无钥匙一键起动。

汽车在静止状态下,整车大部分部件都处于不工作状态,BCM 上有一小部分处于工作待命状态,这部分就是防盗系统,一旦汽车天线接收到钥匙发送的 ID 编码,汽车即进入待起动状态;起动前,驾驶人必须携带本车钥匙进入车辆,车身控制模块(BCM)会验证钥匙的合法性,只有钥匙匹配才能起动车辆。起动车辆时,驾驶人踩下制动踏板,车身控制单元(BCM)控制室内继电器 ACC、IG1 和 IG2 相应吸合,各模块自检正常且满足上电需求后,动力蓄电池管理系统(BMS)控制蓄电池包内的主负继电器和预充继电器吸合,当电机控制器内的大电容电压接近蓄电池包电压时,主正继电器吸合,0.5ms 后预充继电器断开,整车高压上电成功,仪表"READY"灯点亮。防盗认证控制系统结构如图 1-81 所示。

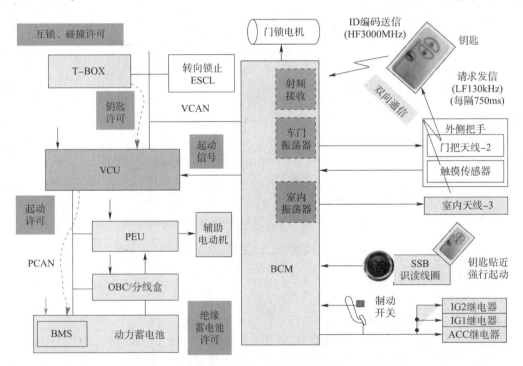

图 1-81 防盗认证控制系统结构图

3. 防盗报警功能

BCM 内设置有遥控防盗功能,其与各门锁及喇叭控制电路组成防盗系统,是一个辅助的车辆警报装置,警报系统在出现强行侵入时被触发。根据无钥匙进入系统的控制方式可知,信号传输是钥匙发送密码给 BCM 内的 PEPS 控制单元进行验证。验证通过后,BCM 控制车门上锁或解锁。如果钥匙不合法,BCM 将启动防盗指示灯和防盗喇叭,如图 1-82 所示。

4. 中控门锁

门锁由电机通过拉杆控制,电机工作电压为 9~16V,工作电流小于 2A,堵转电流为 3A。微动开关反应车门是否开启。

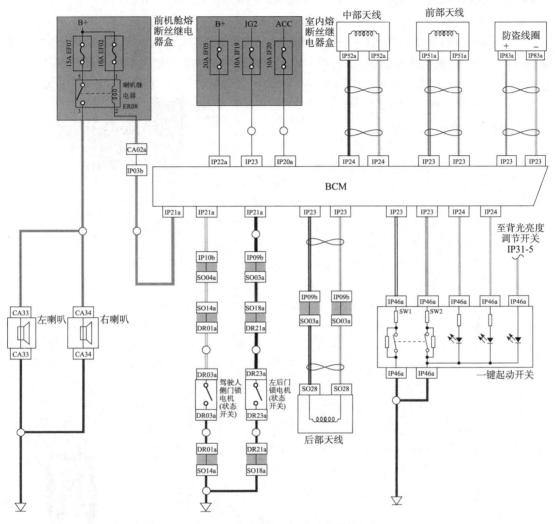

图 1-82　纯电动汽车 BCM 与防盗报警电路

(1) 上锁操作。

当 BCM 接收到开关上锁输入信号或者满足自动落锁条件时，从 BCM 的上锁输出端输出电源，控制 4 个车门及行李舱门锁电机执行上锁操作。

(2) 解锁操作。

当 BCM 接收到开关解锁输入信号或者满足自动解锁条件时，从 BCM 的解锁输出端输出电源，控制 4 个门外加后背门的门锁电机执行解锁操作。背门可通过操作后背门开关，并通过无钥匙进入模式与 BCM 控制单独开启。中控门锁电路如图 1-83 所示。

5. 灯光控制

吉利 EV 纯电动汽车灯光包含前照灯、室内灯、转向灯、倒车灯、雾灯、位置灯、日间行车灯、牌照灯、充电指示灯、阅读灯、行李舱灯等。这些灯工作都是驾驶人根据使用的需要，拨动组合开关，将信号发送给车身控制器，车身控制器接收到相关信号，再闭合相关灯光的继电器,给灯光供电,以实现照明的工作。灯光控制电路如图1-84所示。

6. 刮水器控制

刮水器是由刮水器开关提供工作信号给车身控制模块(BCM),BCM接收到刮水器开关接地信号后,驱动前刮水电机转动。前风窗玻璃刮水器控制电路如图1-85所示。

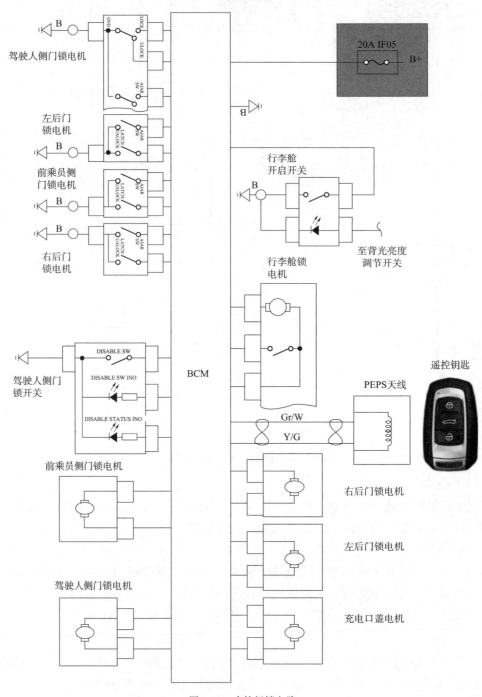

图1-83 中控门锁电路

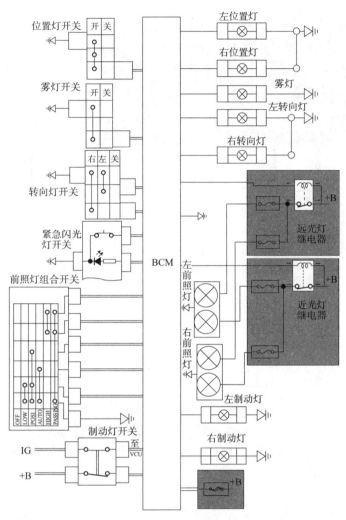

图 1-84　灯光控制电路

(三) 车身控制系统故障诊断及检测

1. 模块化控制的电气故障诊断与处理

(1) 车身控制模块功能丧失原因。

车身控制模块功能丧失的原因主要是开关及其电路引起的信号异常,执行器及其电路异常,模块电源、接地及自身故障等。

(2) 故障诊断与处理方法。

①故障诊断仪检测。

a. 读取故障码:以执行器为例,当执行器的线路出现故障,模块能通过内部电路监测到,并会在内部报出故障码。如:前照灯继电器线圈到 BCM 针脚线路断路,当不开前照灯时,内部的监测电路会收到一个自身提供的电压而不是 12V,从而根据这个电压值判断为断路而报故障码。

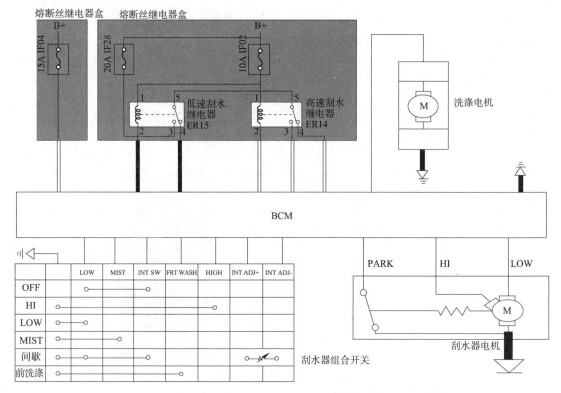

图 1-85 前风窗玻璃刮水器控制电路

b. 读取数据流:若没有故障码,可通过读取车身控制模块数据流来判断故障。例如,观察"前照灯近光信号",正常状态下,不开前照灯近光开关时,其数值为"未激活",开启后,其数值变为"激活"。

② 万用表或试灯检测。

当判断是输入信号侧出现故障还是输出执行侧出现故障时,可以利用万用表或试灯,根据电路图分析、查找执行器开关及其线路、继电器及其线路和执行器。例如,在不打开远光灯开关状态下,正常情况下,在 BCM 的控制针脚处,用万用表测量其信号线的电压为 12V 左右,打开远光灯开关时,测量其信号线的电压小于 1V;否则 BCM 的电源、接地可能有故障,如图 1-86 所示。当判断完电源和接地正常时,那么可能故障就是 BCM 了,尝试进行更换。

综上所述,对于模块化控制的电气系统,假如诊断仪能够与模块通信,基本上模块的电源、接地和模块本身的故障可以排除。此时借助诊断仪进入模块诊断,可以快速地把故障分为输入信号故障还是执行器故障两大类。这样就可以少走弯路;车身系统故障诊断思路,如图 1-87 所示。

2. 车身 CAN 通信电气故障诊断与处理

(1) 车身 CAN 通信功能丧失原因。

V-CAN 通信系统故障主要有:CAN 主线断路或带终端电阻的控制单元内部断路;CAN-Low 支线与 CAN-High 支线短路或控制单元内部 CAN-Low 线和 CAN-High 线短路;CAN 线对负极搭铁或对电源短路。

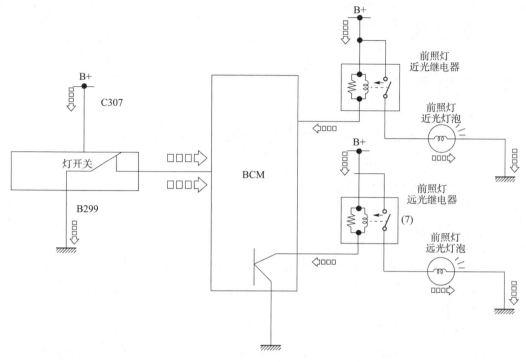

图 1-86 BCM 的控制灯光电路

（2）车身 V-CAN 通信功能诊断。

一般情况下，当 CAN 通信系统存在故障时，组合仪表上会有多个故障指示灯点亮，且很多系统无法正常工作，有时甚至会使车辆无法与故障检测仪通信；若车辆仍能与故障检测仪通信，相关控制单元中会存储关于 CAN 通信系统的故障代码，如吉利 EV450 纯电动汽车若 BCM 连接 VCU 的 V-CAN 出现故障，将激活防盗模式，造成高压上电失败。

排查要点是：首先使用诊断仪排查车身 V-CAN 网络连接的各 ECU 节点（电控单元）。若部分 ECU 中报出与车身 V-CAN 上其他 ECU 节点有通信丢失信息，或故障诊断仪无法对某节点进行访问，说明车身 V-CAN 网络故障或 ECU 节点存在故障。

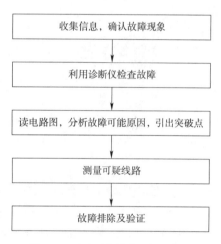

图 1-87 车身系统故障诊断思路

使用万用表或示波器检测 V-CAN 通信电压时，所测得的数据接近隐性电压，即 CAN-High 约为 3.5V，CAN-Low 约为 1.5V。若不正常，逐个拔下各 ECU 节点，电压恢复正常为此节点故障。

测量 CAN 终端电阻，可从网关或诊断口处测量，再检测各 ECU CAN-High 和 CAN-Low 线电阻，按照网络布局图，将线束插件拔掉，依次测量每段线束的 CAN 线电阻，找到异常的点。

二、任务实施

(一)工作准备

(1)防护装备:常规实训着装。
(2)车辆、台架、总成:吉利纯电动汽车或其他同类新能源车辆。
(3)专用工具、设备:万用表、汽车故障诊断仪或其他适用的设备。
(4)手工工具:组合工具。
(5)辅助材料:无。

(二)实施步骤

车身控制器输入电路属于低压系统,在进行故障检修时,无须高压下电,但是在进行操作时需要注意安全,必要时进行低压系统下电,搭铁测试时要关闭起动开关,操作中要严格按照作业流程进行。

(1)打开车门,安装三件套:转向盘套、座椅套、脚垫。
(2)确保起动开关关闭,拉动机舱盖拉手,打开机舱盖,安装翼子板布、前格栅布。
(3)取下蓄电池负极,可靠搭铁,拆卸仪表板左侧下护板,如图1-88所示。

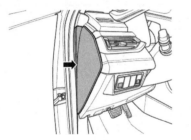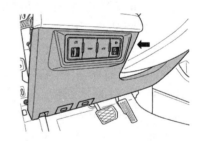

图1-88 仪表板左侧下护板的拆卸

(4)使用合适工具拆卸仪表板左侧端盖,拆卸仪表板左侧下护板左侧的1个固定螺栓。
(5)拆卸仪表板左侧下护板固定卡扣,断开仪表左侧下护板与仪表板的连接。
(6)断开仪表板开关组件连接器,拆卸机舱盖开启把手和快速充电口盖开启把手总成5个固定螺栓,脱开机舱盖开启把手和快速充电口盖开启把手总成。
(7)拆卸诊断口支架2个固定螺栓,取下仪表左侧下护板。
(8)拆卸车身控制器总成,断开车身控制器5个线束连接器。
(9)拆下车身控制器3个固定螺栓,取出车身控制器总成。
(10)取下车身控制器,更换新的车身控制器。
(11)安装车身控制器3个固定螺栓,注意力矩:9N·m(公制),6.6lb·ft(英制)。
(12)安装车身控制器五个连接插头,注意:一插、二响、三确认。
(13)安装仪表板左侧下护板。

(14) 安装蓄电池负极,取下翼子板布,格栅布,关闭机舱盖,取下三件套。

(15) 起动汽车,检查汽车是否正常上电。

(16) 连接故障诊断仪读取与清除故障码,读取车身控制器各控制功能数据流。

思政教育

工匠精神是一种职业精神,它是职业道德、职业能力、职业品质的体现,是从业者的一种职业价值取向和行为表现。"工匠精神"的基本内涵包括敬业、精益、专注、创新等方面的内容。

工匠精神代表人物事迹之一——火箭"心脏"焊接人高凤林

今年53岁的高凤林,是中国航天科技集团公司第一研究院211厂发动机车间班组长,35年来他几乎都在做着同样一件事,即为火箭焊"心脏"——发动机喷管焊接。有的实验需要在高温下持续操作,焊件表面温度达几百摄氏度,高凤林却咬牙坚持,双手被烤得鼓起一串串水泡。因为技艺高超,曾有人开出"高薪加两套北京住房"的诱人条件聘请他,高凤林却说,我们的成果打入太空,这样的民族认可的满足感用金钱买不到。他用35年的坚守,诠释了一个航天匠人对理想信念的执着追求。

一、极致——焊点宽0.16毫米,管壁厚0.33毫米

"长征五号"火箭发动机的喷管上,就有数百根几毫米的空心管线。管壁的厚度只有0.33毫米,高凤林需要通过3万多次精密的焊接操作,才能将它们编织在一起,焊缝细到接近头发丝,而长度相当于绕一个标准足球场两周。

二、专注——为避免失误,练习10分钟不眨眼

高凤林说,在焊接时得紧盯着微小的焊缝,一眨眼就会有闪失。"如果这道工序需要10分钟不眨眼,那就10分钟不眨眼。"

三、坚守——35年焊接,130多枚火箭发动机

高凤林说,每每看到我们生产的发动机把卫星送到太空,就有一种成功后的自豪感,这种自豪感用金钱买不到。正是这份自豪感,让高凤林一直以来都坚守在这里。35年,130多枚长征系列运载火箭在他焊接的发动机的助推下,成功飞向太空。这个数字占我国发射长征系列火箭总数的一半以上。

四、匠心——用专注和坚守创造不可能

火箭的研制离不开众多的院士、教授、高工,但火箭从蓝图落到实物,靠的是一个个焊接点的累积,靠的是一位位普通工人的咫尺匠心。专注做一样东西,创造别人认为不可能的可能,高凤林用35年的坚守,诠释了一个航天匠人对理想信念的执着追求。

习题

一、填空题

1. 电动汽车整车控制系统按网络结构分两种类型:＿＿＿＿＿控制和＿＿＿＿＿控制。

2. 电动汽车整车控制系统的核心部件是_____。

3. CAN 数据总线系统主要由_____、_____、_____和_____等组成。

4. CAN BUS 所传递的信息为数字信号,每个完整信息分别由_____、_____、_____、_____、_____和_____所构成。

5. 车身控制器不仅对多个功能部件进行_____,同时_____系统中各部件的工作。

二、判断题

1. 汽车各部件都有独立的控制器,整车控制系统的顶层是整车控制器。（　　）

2. VCU 一般通过 CAN 总线与各子系统实现通信与管理。（　　）

3. 当出现 VCU 与 MCU 的连接故障时,车辆无法行驶,仪表盘无驱动电机的转速、温度等数据显示。（　　）

4. 节点是车载网络系统的 CAN 总线传输故障,因此节点故障就是 CAN 线损坏。（　　）

5. 帝豪 EV450 纯电动汽车车身控制器安装在行李舱内。（　　）

三、选择题

1. 整车控制系统发生故障,并判断为(　　)故障时,车辆将无法行驶。
   A. 二、三级　　　　B. 一、二级　　　　C. 三、四级　　　　D. 四级

2. CAN 总线采用两条线缠绕在一起。工作时两条线的电位是(　　)。
   A. 相反　　　　　　B. 相同　　　　　　C. 5V 电压　　　　D. 12V 电压

项目二
高压电源系统检测与维修

知识目标

(1) 掌握动力蓄电池系统组成与管理。
(2) 掌握高压配电箱组成与高压配电控制原理。
(3) 掌握动力蓄电池充电系统组成与控制原理。
(4) 掌握 DC/DC 变换器结构与控制原理。

技能目标

(1) 能够掌握动力蓄电池包拆装及相关部件的更换方法。
(2) 能够掌握高压配电系统故障诊断与检修方法。
(3) 能够掌握动力蓄电池系统常见故障及解决办法。
(4) 能够掌握充电系统的检修方法。

素质目标

(1) 培养遵守安全作业要求、注重个人安全防护的能力。
(2) 培养严格执行检修规范、养成严谨工作态度的能力。
(3) 培养能正确地检查工作结果并进行自我评估的能力。

▶▶ 学时:12

 任务1　整车高压电源配电检修

任务描述

一辆比亚迪 E5 纯电动汽车起动时,"OK"指示灯不点亮,整车高压不上电,技术维修人员对其进行检查,确定为高压电源与配电部分出现问题,经更换动力蓄电池管理器及高压电控总成内的主正接触器后,车辆恢复正常。

一、知识准备

(一)动力蓄电池系统与高压配电箱

1. 动力蓄电池系统

动力蓄电池系统主要由动力蓄电池模组、动力蓄电池管理系统(BMS)及辅助元器件等组成,如图 2-1 所示。

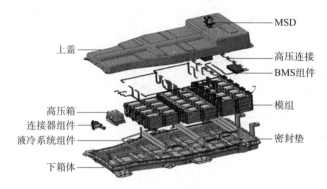

电池与电池管理系统

图 2-1 动力蓄电池系统组成

(1)动力蓄电池模组。

动力蓄电池模组是指多个单体蓄电池或蓄电池模块串联组成的一个组合体。蓄电池模组是组成动力蓄电池的分组,其电压为蓄电池模块的电压与串联在一起的蓄电池模块数量的乘积,其容量与蓄电池模块的容量相等。

①单体蓄电池:单体蓄电池指构成动力蓄电池模块的最小单元,一般由正极、负极、电解质、隔膜及外壳等构成,可实现电能与化学能之间的直接转换。磷酸铁锂单体蓄电池电压为 3.2V 左右,三元锂单体蓄电池电压为 3.65V 左右。

当前纯电动汽车广泛使用锂蓄电池,蓄电池单体按外形主要有圆柱、方形、软包三类,如图 2-2 所示;按正极材料分有三元锂(NMC)、磷酸铁锂(LFP)、锰酸锂(LMO)三类。

a)圆柱钢壳　　　　b)方型铝壳　　　　c)软包装

图 2-2 单体蓄电池外形类型

②蓄电池模块:蓄电池模块是一组并联的单体蓄电池的组合,该组合额定电压与蓄电池单体的额定电压相等,是蓄电池单体在物理结构和电路上连接起来的最小分组,可作为一个

单元替换。电芯、模组、动力蓄电池包构成了动力蓄电池三级结构,如图 2-3 所示。比亚迪秦纯电动汽车采用刀片式单体动力蓄电池,取消了动力蓄电池模组,从而构成了由单体动力蓄电池到动力蓄电池包的二级结构,提高了动力蓄电池包能量密度;宁德时代发布的第三代 CTP(无模组动力蓄电池包)技术——麒麟动力蓄电池,动力蓄电池包体积利用率提升至 72%。

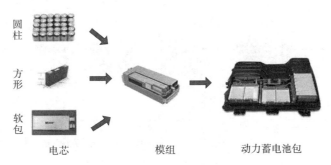

图 2-3 动力蓄电池包三级结构

(2)动力蓄电池管理系统(BMS)。

动力蓄电池管理系统(BMS)是动力蓄电池保护和管理的核心,BMS 通过检测电压、电流及温度检测等信息,实现对动力蓄电池系统进行过压、欠压、过流、过高温和过低温保护,同时具有继电器控制、SOC 估算、充放电管理、均衡控制、故障报警及处理、与其他控制器通信等功能,BMS 通过控制接触器控制动力蓄电池组的充放电,并向 VCU 上报动力蓄电池系统的基本参数及故障信息。此外,动力蓄电池管理系统还具有高压回路绝缘检测功能,以及为动力蓄电池系统加热功能,如图 2-4 所示。

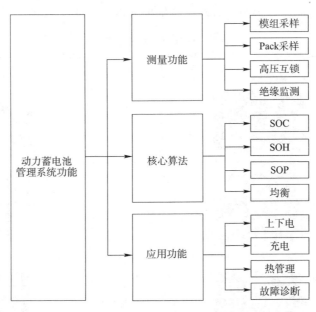

图 2-4 动力蓄电池管理系统功能

BMS 主要由主控盒(又称动力蓄电池管理器)、从控盒(又称动力蓄电池信息采集模块)

以及信号采集传感器等组成，按性质可分为硬件和软件，按功能分为数据采集和执行器控制，如图 2-5 所示。

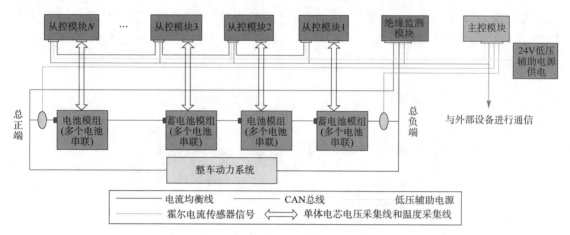

图 2-5　动力蓄电池管理系统的组成

BMS 的硬件主要包括主板、从板及高压盒，还包括采集电压、电流、温度等数据的电子器件。

BMS 的软件主要监测动力蓄电池的电压、电流、SOC 值、绝缘电阻值、温度值，通过与 VCU、充电机的通信，来控制动力蓄电池系统的充放电。

（3）辅助元器件。

辅助元器件主要包括动力蓄电池系统内部的电子电器元件，如高压断路器、继电器、接插件、紧急开关、电加热膜、温度传感器等，以及维修开关和电子电器元件以外的辅助元器件，如密封条、绝缘材料等。动力蓄电池系统辅助元器件见表 2-1。

动力蓄电池系统辅助元器件　　　　　表 2-1

名称	图示	名称	图示
主控盒		从控盒	
维护插接器		高压断路器	
电加热膜		温度传感器	

①主控盒(动力蓄电池管理器)。

主控盒是动力蓄电池管理系统的控制中心,用来控制主正继电器、加热继电器以及预充继电器,还通过CAN总线与VCU进行通信。

②从控盒(动力蓄电池信息采集器)。

从控盒用来分别采集各动力蓄电池模组的单体电压和模组内的温度,然后通过CAN总线将信息输送给主控盒。

③维护插接器。

维护插接器也叫维修开关或紧急开关,在特定时刻能够实现高压系统的电气隔离,是保证电动汽车高压电气安全的关键部件。在车辆维修或存在漏电危险等特殊情况时,使用维修开关以人工的方式切断高压电路。

④高压断路器。

高压断路器也叫高压熔断器或动力蓄电池主保险,它串联在被保护电路中,用来保护电气设备免受过载和短路电流的损害。

⑤电加热膜。

动力蓄电池的电加热膜外表为一层绝缘硅胶,因此,又称硅胶电热膜或硅橡胶电热片。是一种采用耐高温、高导热、绝缘性能好、强度高的硅橡胶和耐高温的纤维增强材料以及金属发热膜电路集合而成的软性电加热膜元件。

⑥温度传感器。

为了保证动力蓄电池的使用性能,必须使动力蓄电池工作在合理的温度范围之内。温度传感器用来检测动力蓄电池电芯温度。

(4)动力蓄电池的均衡管理。

生产制造和使用过程的差异性,造成动力蓄电池单体天然就存在着不一致性。不一致性主要表现在单体容量、内阻、自放电率、充放电效率等方面。单体的不一致,传导至动力蓄电池包,必然带来了动力蓄电池包容量的损失,进而造成寿命的下降。有研究表明,单体电芯20%的容量差异,会带来蓄电池包40%的容量损失,如图2-6所示。

图2-6 动力蓄电池的差异性与均衡

动力蓄电池单体的不一致,会导致随着时间的推移,在温度以及振动条件等随机因素的影响下进一步恶化,降低它恶化速率的方法之一就是通过动力蓄电池管理系统对电芯实施均衡。

①能量耗散型均衡。

能量耗散型均衡主要通过令动力蓄电池组中能量较高的动力蓄电池利用其旁路电阻进行放电的方式损耗部分能量,以期达到动力蓄电池组能量状态的一致。由于均衡电阻在分流的过程中,不仅消耗了能量,而且还会由于电阻的发热引起电路的热管理问题,只适合在静态均衡中使用,其高温升等特点降低了系统的可靠性,不适用于动态均衡,仅适合于小型动力蓄电池组或者容量较小的动力蓄电池组。

②能量非耗散型均衡。

能量非耗散式均衡电路拓扑结构目前已出现很多种(如电容转移型、变压器转移型),本质上均是利用储能元件和均衡旁路构建能量传递通道,将其从能量较高的动力蓄电池直接或间接转移至能量较低的动力蓄电池。动力蓄电池能量非耗散型均衡电路如图2-7所示。

(5)动力蓄电池热管理。

①动力蓄电池热量的产生。

由于动力蓄电池阻抗的存在,在动力蓄电池充放电过程中,电流通过动力蓄电池导致动力蓄电池内部产生热量。另外,由于动力蓄电池内部的电化学反应也会造成一定的生热量。动力蓄电池热量的产生过程如图2-8所示。

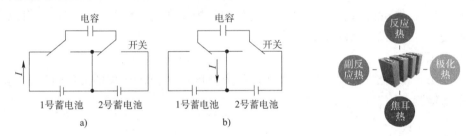

图2-7 动力蓄电池能量非耗散型均衡电路　　图2-8 动力蓄电池热量的产生过程

②温度升高对动力蓄电池寿命的影响。

温度对动力蓄电池的日历寿命有很大的影响。同样的电芯,在环境温度23℃条件下,6238天后动力蓄电池的剩余容量为80%,但是动力蓄电池在55℃的环境下,272天后动力蓄电池的剩余容量已经达到80%。温度升高32℃,电芯的日历寿命下降了95%以上。因此,温度对日历寿命的影响极大,温度越高,日历寿命衰退越严重。

温度对动力蓄电池的循环寿命也有很大的影响。同一款电芯,在剩余容量为90%的条件下,25℃温度下输出容量为300kW·h,而35℃温度下的输出容量仅为163kW·h。温度上升10℃,电芯的循环寿命下降了近50%。由此可见,温度对动力蓄电池的循环寿命有很大的影响。

因此,为了实现动力蓄电池包性能的最优化,需要设计热管理系统确保各电芯工作在一个合理的温度范围内。

③热管理系统的分类及介绍。

不同的热管理系统,零部件类型的结构不同、质量不同以及系统的成本不同和控制方式不同,使得系统所达到的性能也不相同。当前,纯电动汽车对动力蓄电池的冷却方式及装置主要有空调制冷冷却方式和散热器冷却方式等。

a. 空调制冷冷却方式。

直冷系统为空调制冷冷却方式。此系统是一个双蒸发器系统,可通过动力蓄电池包内的蒸发器直接对动力蓄电池进行冷却,系统没有动力蓄电池制热。动力蓄电池直冷系统如图2-9a)所示。

b. 散热器冷却方式。

低温散热器冷却系统是动力蓄电池的一个单独系统,由散热器、水泵和加热器组成。该冷却系统具有系统简单、成本低、低温环境下经济节能等优点。但是,此系统也具有冷却性能低、夏天水温高、应用受天气限制等缺点,如图2-9b)所示。

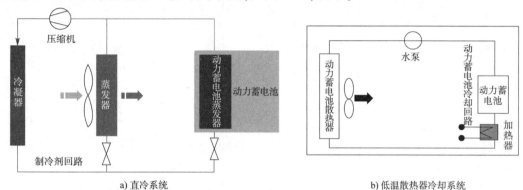

图2-9 动力蓄电池直冷系统与低温散热器冷却系统

c. 直接冷却水冷却系统。

直接冷却水冷却系统具有系统紧凑、冷却性能好以及工业应用范围广等优点。但是,此系统零部件比直冷多、系统复杂、经济性差且压缩机负荷高。此类型的冷却系统是目前最常用的动力蓄电池热管理系统之一,如图2-10a)所示。

d. 空冷/水冷混合冷却系统。

空冷/水冷混合冷却系统是直接冷却水冷却系统和低温散热器冷却系统的组合,具有系统紧凑、性能好且低温环境下经济节能等优点。但是,此系统复杂、成本高、控制复杂且可靠性要求高,如图2-10b)所示。

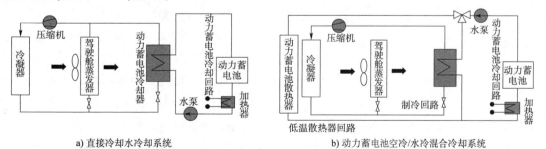

图2-10 直接冷却水冷却系统和动力蓄电池空冷/水冷混合冷却系统

2. 高压配电箱

高压配电箱是所有纯电动汽车、插电式混合动力汽车的高压大电流分配装置。即高压配电箱对动力蓄电池中巨大的能量进行控制。高压配电箱中的各个继电器/接触器的吸合由整车主控ECU或动力蓄电池管理器来控制,实现对整车各高压电器电源的分配、接通和断开,将动力蓄电池的高压直流电分配给整车高压电器使用并进行安全防护控制。

(1)高压配电箱外部高压电路。

高压配电箱上游是动力蓄电池,下游包括驱动电机控制器、驱动电机、DC/DC交换器、空调控制器、空调压缩机、PTC加热器等,也将车载充电器的高压直流电分配给动力蓄电池,如图2-11所示。比亚迪E6纯电动汽车高压配电箱安装位置如图2-12所示。

高压配电系统

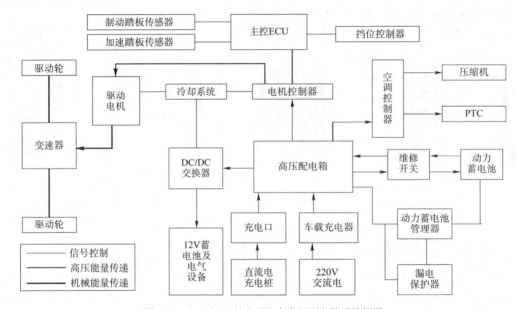

图2-11 比亚迪E6纯电动汽车高压配电箱系统框图

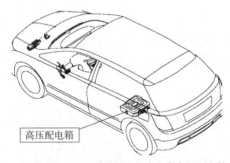

图2-12 比亚迪E6纯电动汽车高压配电箱安装位置示意图

(2)高压配电箱的组成。

比亚迪E6纯电动汽车高压配电箱由高压正负主接触器、电流霍尔传感器、预充电阻、预充接触器、放电熔断器、充电熔断器等组成,如图2-13所示。

(3)高压配电箱接触器控制原理。

高压配电箱内高压正负主接触器、预充主接触器、充电接触器、空调与DC/DC主接触器、空调与DC/DC预充接触器受动力蓄电池主控盒(动力蓄电池管理器)控制,起动车辆时,钥匙置于"ON"位;动力蓄电池负极继电器闭合;全车高压系统各个控制器初始化、自检完成,通过CAN总线通报动力蓄电池管理器,动力蓄电池管理器接通预充继电器为外部负载内的电容器充电,当充电电压与动力蓄电池电压的差值小于5V时认为预充结束;控制主正继电器闭合;主正继电器闭合10ms后,预充继电器断开;仪表屏幕显示OK,上电结束。当启动钥匙置于"OFF"挡位,动力蓄电池管理器控制主正继电器和主负继电器断开,全车高压下电。高压配电箱接触器电路如图2-14所示。

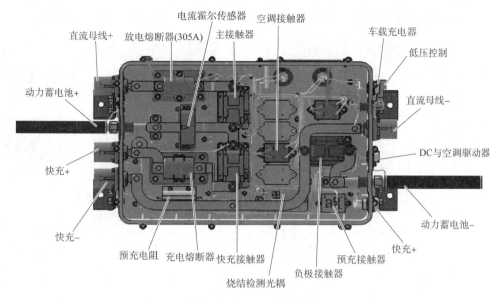

图 2-13 高压配电箱的组成

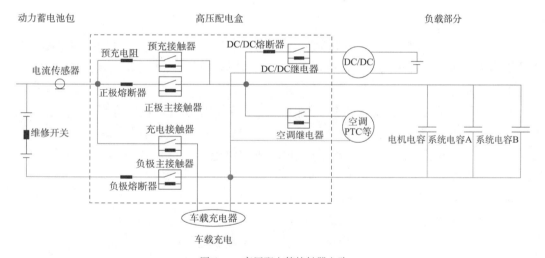

图 2-14 高压配电箱接触器电路

(二)高压电源与配电系统故障诊断与检测

1. 动力蓄电池系统常见故障及解决办法

(1)动力蓄电池管理系统常见故障类型。

动力蓄电池管理系统故障主要有 CAN 系统通信故障、BMS 未正常工作、电压采集异常、温度采集异常、绝缘故障、预充电故障、无法充电、高压互锁故障等。图 2-15 所示为动力蓄电池管理系统网络结构。

(2)动力蓄电池管理系统解决办法。

①CAN 通信故障。

在 BMS 供电正常的状态下,用万用表测量通信线路内部 CAN-High、CAN-Low 之间的输出电压,正常电压值为5V左右,若电压值异常,则可判定为BMS硬件故障,需更换。

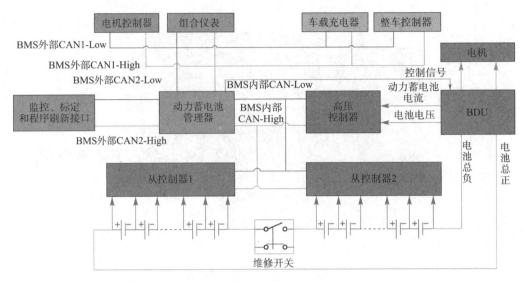

图2-15 动力蓄电池管理系统网络结构

②BMS未正常工作。

首先测量BMS的供电电压与接地是否正常,检测输出的基准电源、CAN线信号是否正常,各连接端子连接是否可靠、是否有接插件退针或损坏现象,若正常则换板确认。

③电压采集异常。

通过故障诊断仪,读取BMS数据流观察各动力蓄电池模块电压采集信息,若电压采集缺失或失准,应检查各信息采集模块采集线端子紧固螺栓是否松动或采集线与端子是否接触不良,用万用表检测各单体动力蓄电池电压,若实测电压与读取电压信息不一致,则更换从板进行验证。

④温度采集异常。

首先检查温度传感器线束连接是否可靠,检查中间对接插头或者控制口温度传感器线束,若发现松动或者脱落,应更换线束。若单个温度数据缺失时,检查中间对接插头,若无连接异常,可确定为温度传感器损坏,更换即可。若线路、温度传感器正常则可判定为BMS硬件问题,更换对应的从板。

⑤绝缘故障。

依次断开DC/DC、动力控制单元(Power Control Unit,PCU)、充电机、空调等,直到故障解除,然后对故障件进行更换;使用兆欧表测量高压线或连接器破损进行测量,检查确认后进行更换,若动力蓄电池箱进水或电池漏液,则对动力蓄电池箱内部进行处理或更换动力蓄电池。

⑥预充电故障。

当BMS报预充电故障时,断开配电箱(总正、总负后)高压输出母线,若预充电成功,则故障由外部高压部件引起,分段排查高压配电盒至各高压设备线路;若故障依旧存在,检测预充电继电器是否有12V电压,预充电阻、预充电熔断器是否损坏,如果没有则更换动力蓄电池管理器进行验证,若更换后预充电成功,则确定是动力蓄电池管理器故障。

⑦无法充电。

使用仪器读取整车CAN系统工作数据,若发现无充电机或者BMS工作数据,检查CAN通信线路是否中断、接插件是否接触不良并进行修复。若上述正常,更换充电机或动力蓄电池管理器,然后重新加载电压,若更换后可以充电,则可确定为充电机或动力蓄电池管理器故障。使用万用表检测充电熔断丝导通情况,若无法导通,则更换。

⑧高压互锁故障。

若高压不上电,首先通过故障诊断仪读取"动力系统故障码",看有无高压互锁故障信息,启动"ON"挡。根据电路图,测量VTOG接线端子23脚是否有12V电压输入,若没有,检查BMS、高压蓄电池包、VTOG、PTC高低压端子是否插接牢靠,并测量VTOG接线端子22脚驱动端是否有12V电压。高压互锁电路与高压插接端子如图2-16所示。

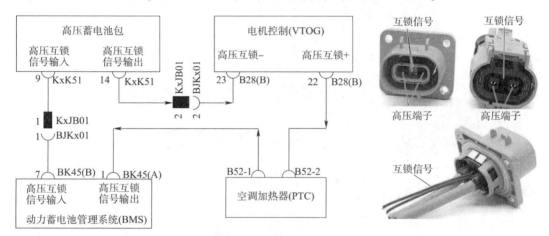

图2-16 高压互锁电路与高压插接端子

⑨漏电传感器故障。

BMS通过漏电传感器监测高压系统绝缘情况;当漏电传感器及其传输线路出现故障时,将导致高压不上电。可首先使用故障诊断仪读取BMS数据流,若发现有漏电传感器故障信息,则检查漏电传感器供电、搭铁及传输线路是否正常,必要时更换漏电传感器。

2. 高压配电系统故障诊断与检测

高压配电系统常见故障是高压配电箱内部接触器与高压熔断器及预充电阻损坏,导致整车高压不上电,或DC/DC变换器、空调控制器不工作;电源管理控制器是高压配电箱内接触器控制和诊断的主控模块,会诊断接触器是否按照预定的要求打开与关闭,不正常的吸合,会产生接触器类故障码(DTC),会导致高电压上电失败,使车辆失去动力;位于仪表的动力系统故障指示灯会点亮。以下以比亚迪E6纯电动汽车为例,介绍高压配电箱的检修流程与方法。

(1)故障诊断。

踩下制动踏板,使整车置于"ON"挡,仪表"OK"指示灯不亮,高压不上电。此时应首先使用诊断仪读取DTC,根据DTC提示进行故障检测。

(2)检测与判别。

①检查接触器电源脚。

比亚迪 E6 纯电动汽车高压配电箱动力输出电路与控制线插接端口如图 2-17 所示。

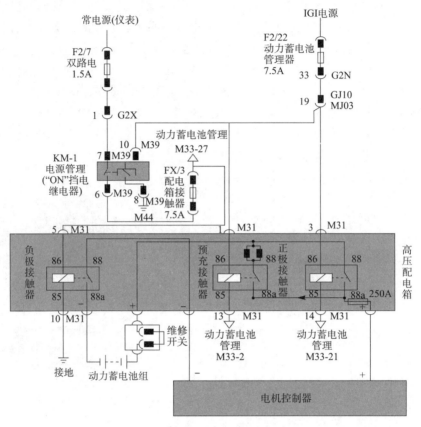

图 2-17 比亚迪 E6 纯电动汽车高压配电箱动力输出电路与控制线插接端口

a. 连接好低压铁锂蓄电池,使整车置于"ON"挡。

b. 用万用表测量 M31 低压插接件供电引脚 M31-5 对车身地正常值,约 12V,如不正常则检查低压线束供电。负极接触器控制端搭铁检测,测量 M31-10 电阻应小于 0.5Ω;若以上正常,则更换接触器进行验证。

②检查预充接触器控制脚。

a. 使整车置于"ON"挡。

b. 用万用表测量 M31 低压插接件引脚,M31-13 脚应为 12V,测量 M31-13 脚对地电压是否由 12V 变为 0V 再变为 12V;如不正常则检查动力蓄电池管理器或线束,若以上正常则更换接触器进行验证。

③检查正极接触器控制脚:使整车上置于"ON"/"OFF"挡。

用万用表测量 M31 低压插接件正极接触器,M31-3 脚应为 12V,控制引脚 M31-14 对车身电压值,正常值:小于 1V("ON"挡);约 12V("OFF"挡)。若测量值正常,则接触器控制正常;若测量值不正常,则检查动力蓄电池管理器或线束。若以上均正常则更换接触器验证。

二、任务实施

(一)工作准备

(1)防护装备:常规实训着装、绝缘鞋、绝缘手套。
(2)车辆、台架、总成:比亚迪 E5 纯电动汽车或其他同类新能源车辆。
(3)专用工具、设备:万用表、汽车故障诊断仪或其他适用的设备。
(4)手工工具:组合工具。
(5)辅助材料:无。

(二)实施步骤

1. 电源管理控制器故障诊断与检测

以比亚迪 E5 纯电动汽车为例(其他车型可参考),整车高压不上电,故障诊断与排除步骤如下。

(1)读取故障代码。

使用诊断仪扫描并读取全车故障代码 DTC,故障代码显示:信息采集器通信超时。选择"动力蓄电池管理系统"读取数据流,数据流显示:单体蓄电池电压、温度等信息与标准值不一致,如图 2-18 所示。

图 2-18 读取整车故障码和动力蓄电池管理系统数据流

(2)故障检测。

参考动力蓄电池管理器电路图,检测电源和搭铁的线路。

①使用万用表测量电源管理控制器 M33-6 号针脚,标准值为动力蓄电池电压。

②使用万用表测量电源管理控制器 M33-27 号针脚,在启动开关"ON"条件下,标准值为动力蓄电池电压,如图 2-19 所示。

③拆下蓄电池负极线并包裹好,如图 2-20 所示,用万用表测量 M33-5、7、40、26、28 号针脚与车身搭铁电阻,标准值小于 1Ω。

若以上正常,则为动力蓄电池管理器本身故障,需要更换动力蓄电池管理器。

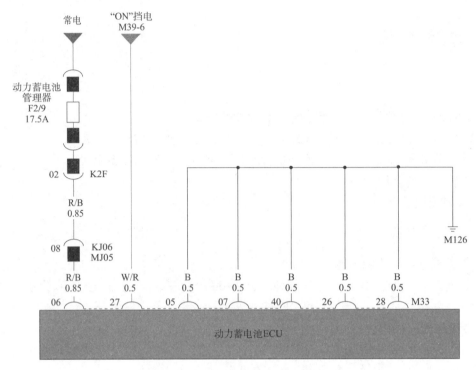

图 2-19　测量电源管理控制器电源针脚电压

2. 电源管理控制器更换流程

如果确认电源管理控制器损坏,应进行更换,如图 2-21 所示。

图 2-20　拆下低压动力蓄电池负极线并包裹

图 2-21　更换电源管理控制器

更换流程如下:

(1)将车辆退电至"OFF"挡,拆下低压动力蓄电池负极线并包裹好,断开高压维修开关,等待 5min。

(2)拔掉电源管理控制器上连接的动力蓄电池采样线和整车低压线束的接插件,拔掉整车低压线束在动力蓄电池管理控制器支架上的固定卡扣。

(3)用 10 号套筒拆卸动力蓄电池管理控制器的固定螺母。

(4)更换电源管理控制器,插上动力蓄电池采样线和整车低压线束的接插件。

(5)安装低压动力蓄电池负极线,插上高压维修开关手柄,完成更换。

项目二 高压电源系统检测与维修

（6）进行上电测试，使用诊断仪扫描并清除故障码。

（7）使用诊断仪进入比亚迪 E5 纯电动汽车界面，选择控制单元→动力模块→动力蓄电池管理系统→选择特殊功能→选择动力蓄电池实际容量标定→输入动力蓄电池额定容量（如：75V）→按确定→显示"执行完毕"。动力蓄电池管理器设定如图 2-22 所示。

图 2-22　动力蓄电池管理器设定

任务2　整车电源充电系统检修

任务描述

一辆纯电动汽车出现车辆无法充电同时仪表低压充电指示灯点亮故障，经检查为车载充电机损坏，且 DC/DC 变换器线路故障，更换车载充电机及对 DC/DC 变换器低压插座中的使能线路处理后，车辆恢复正常。请问你了解整车电源充电系统吗？能否完成高低压充电系统的故障排查及车载充电机的更换？

一、知识准备

（一）动力蓄电池充电控制原理

充电系统

电动汽车动力蓄电池充电系统是维持电动汽车能够正常运行的能源补给设备，是从国家电网系统中摄取能量对动力蓄电池进行充电的装置。电动汽车充电系统分为车载充电和非车载充电，也可分为交流充电（慢充）和直流充电（快充）。

1. 慢充系统认知

慢充系统是慢速充电系统的简称。慢充系统是车辆通过 220V 家用交流插座或 220V 交流充电桩为动力蓄电池进行充电。慢充系统将交流电转化为直流电，以实现动力蓄电池的电能补给。

慢充系统主要是由供电设备（交流充电桩或随车充电器）、车载充电机、慢充接口、充电

71

枪、慢充线束、低压控制线束、高压配电盒、动力蓄电池、整车控制器（VCU）等部件组成，车辆上的慢速充电系统构成如图2-23所示。

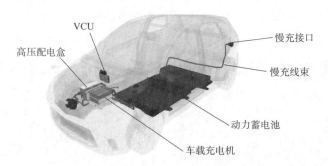

图2-23 车辆慢速充电系统构成

（1）交流充电桩。

交流充电桩采用的传导方式为具有车载充电机的电动汽车提供交流电能、人机操作界面和交流充电接口，并具备相应保护功能的专用装置。交流充电桩可应用在各种大、中、小型电动汽车充电站中。其特点是充电功率较小，动力蓄电池充电时间较长，可充分利用低谷时段充电。交流充电桩与随车充电器如图2-24所示。

  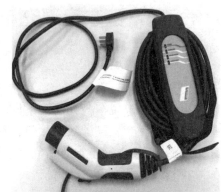

a) 停车位桩体式充电桩　　b) 家用车库壁挂式充电桩　　c) 家用插座交流充电器

图2-24 交流充电桩与随车充电器

（2）交流充电口。

交流充电口是充电桩与电动汽车慢充设备进行物理连接的基本部件，是完成充电和控制引导的连接器。打开充电盖口可以看到7孔接口，其连接触头布置形式如图2-25所示。

①充电连接确认（CC）：用于判断车辆插头是否与车辆插座完全连接。

②控制连接确认（CP）：用于车辆控制装置确认当前供电设备支持的最大充电电流。

③L端子：为交流电源（单相、三相），单相250V，10A/16A/32A；三相440V，16A/32A/63A。

④NC1端子：为备用端子，交流电源（三相）：三相440V，16A/32A/63A。

⑤NC2端子：为备用端子，交流电源（三相）：三相440V，16A/32A/63A。

⑥N端子：为中线（单相、三相），单相250V，10A/16A/32A；三相440V，16A/32A/63A。

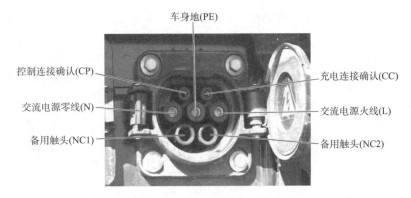

图2-25 交流充电口

⑦PE端子:保护地线。

(3)车载充电器(OBC)。

吉利帝豪EV450纯电动汽车车载充电器位置如图2-26所示。

图2-26 吉利帝豪EV450车载充电器位置

车载充电器的主要功能如下:

①将外部交流电转换成直流电给动力蓄电池充电。

②充电时,车载充电器根据VCU的指令确定充电模式。

③车载充电器内部有滤波装置,可以抑制交流电网波动对车载充电机的干扰。

(4)慢充系统充电接口电路。

慢充系统的充电连接接口电路如图2-27所示。其中,K1、K2为充电桩内220V交流电路继电器;S1为充电桩工作状态开关,S2为车辆充电工作状态开关,S3为充电枪开关,充电枪插入与充电插座可靠连接后此开关闭合;检测点1用于充电桩充电状态工作监测,检测点2用于车辆控制器充电状态工作监测,检测点3(CC)用于车辆控制器对充电枪与充电插座连接状态的监测。

(5)整车慢充系统控制原理。

整车慢充系统结构原理如图2-28所示。

①交流供电。将充电枪连接到交流充电桩或家用16A供电插座,充电桩经充电枪向电动汽车输入交流电。

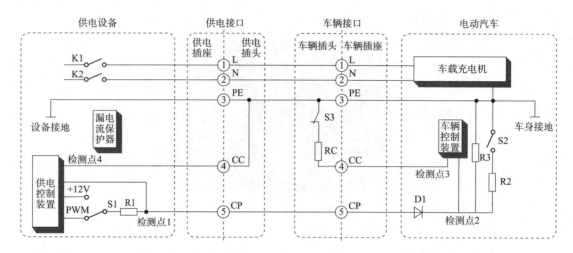

图 2-27 交流充电连接接口示意图

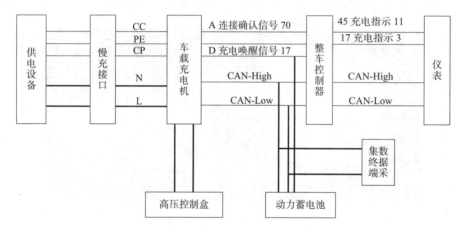

图 2-28 慢充模式充电系统结构原理

②充电唤醒。充电枪通过 CC 充电连接确认后,车载充电机向整车控制器(VCU)、动力蓄电池管理系统(BMS)发出连接确认信号和充电唤醒信号,整车控制器(VCU)唤醒仪表显示连接状态。

③检测充电需求。动力蓄电池管理系统(BMS)检测动力蓄电池是否需要充电,并计算所需充电电流。

④发送充电指令。动力蓄电池管理系统(BMS)向车载充电机发送充电指令,动力蓄电池管理模块控制动力蓄电池正、负继电器闭合,开始进行充电。

⑤充电过程。车载充电机将外部设备提供的 220V 交流电整流为高压直流电储存到动力蓄电池中。

⑥停止充电。动力蓄电池管理系统(BMS)检测到充电完成后,给车载充电机发送指令,车载充电机停止工作,动力蓄电池正、负继电器断开,充电结束。

2. 快充系统认知

快速充电系统主要由快速充电桩(直流充电桩)、快充接口、高压控制盒、动力蓄电池、整车控制器、快充线束和低压控制线束等组成,如图 2-29 所示。

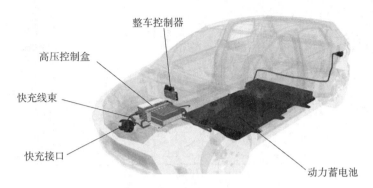

图 2-29 快速充电系统构成

(1)直流充电桩。

直流充电桩的主要作用是将电网交流电能转换为直流电能,并采用传导方式为电动汽车充电。直流充电桩的输入电压采用三相四线交流 380V,频率 50Hz,可提供足够功率且输出可调的直流电,因此,可满足快充的要求。

(2)直流充电口。

直流充电口是直流充电桩与电动汽车快充接触器、动力蓄电池进行物理连接的基本部件,是完成充电和控制引导的连接器。打开充电盖口可以看到 9 孔接口,其连接触头布置形式如图 2-30 所示。

①DC + 为直流电源正:750/1000V、80A/125A/200A/250A。

②DC − 为直流电源负:750/1000V、80A/125A/200A/250A。

③PE 为保护接地。

④S + 为充电通信 CAN-High:0 ~ 30V,2A。

⑤S − 为充电通信 CAN-Low:0 ~ 30V,2A。

⑥CC1 为充电确认线:0 ~ 30V,2A。

⑦CC2 为充电确认线:0 ~ 30V,2A。

⑧A + 为低压辅助电源正:0 ~ 30V,2A。

⑨A − 为低压辅助电源负:0 ~ 30V,2A。

(3)快充系统充电接口电路。

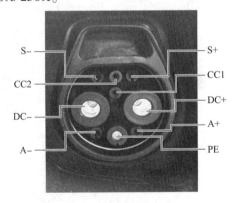

图 2-30 直流充电口

快充系统的充电接口电路如图 2-31 所示,其中 K1、K2 为快充桩高压充电电路正、负极继电器;K3、K4 为快充桩低压唤醒电路正、负极继电器,用于唤醒动力蓄电池管理器(BMS)和整车控制器(HCU);K5、K6 为动力蓄电池总正、总负继电器;检测点 1 用于充电桩与车辆充电插座连接状态监测,检测点 2 用于整车控制器判断车辆充电插座与充电枪连接状态。

(4)整车直流快速系统充电控制原理。

整车快充系统结构原理图如图 2-32 所示。

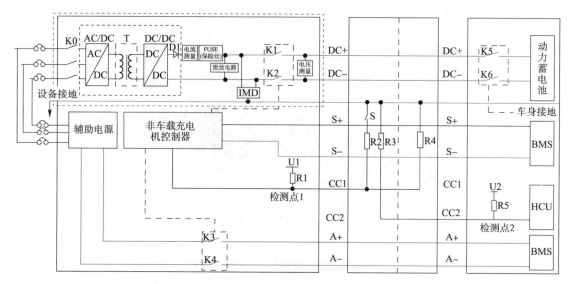

图 2-31 快充系统充电接口电路

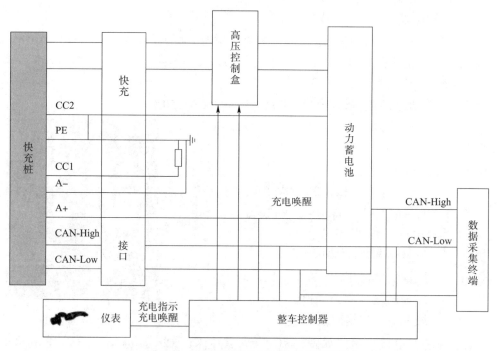

图 2-32 整车直流快速系统充电结构原理图

① 直流供电。充电枪连接到直流充电桩，直流充电桩通过充电枪为电动汽车提供高压直流电源。

② 充电唤醒。充电枪连接到车辆快速充电接口，整车控制器（VCU）通过充电连接确认线 CC2 判断快速充电接口是否正确连接，如果判断正确连接，启用唤醒线路将车辆内部的充电系统电路和部件唤醒。

③检测充电需求。动力蓄电池管理系统(BMS)检测动力蓄电池是否需要进行充电。

④发送充电指令。如果检测到动力蓄电池有充电需求,整车控制器(VCU)通过输出高压接触器接通指令到高压控制盒,接通动力蓄电池与直流充电桩间的高压电路,开始充电。

⑤充电过程。充电过程中,整车控制器(VCU)向仪表输出充电显示信息,外部供电设备的高压直流电通过直流充电桩储蓄到动力蓄电池中。

⑥充电停止。动力蓄电池管理系统(BMS)检测到充电完成后,给整车控制器(VCU)发送指令,快速充电系统停止工作,断开动力蓄电池继电器,充电结束。

(二)动力蓄电池充电系统故障诊断与检测

1. 慢充系统常见的故障与检修

慢充系统出现故障,将使汽车无法充电,在充电桩及充电器正常的情况下,车辆慢充系统常见故障主要有充电接口与电缆故障、充电机故障、通信线路故障、低压控制线路故障等,进行故障诊断时,首先用故障检测仪检测动力蓄电池管理系统故障码及数据流,若有相应的故障码和数据异常,可进一步采用万用表检测或通过更换可疑故障部件验证,排除故障。以下以吉利 EV 车系为例介绍慢充常见的故障诊断与排除方法。

正常充电时,当把充电枪与充电座连接好后,仪表屏幕亮灯,显示充电连接符号,同时充电机工作指示灯亮起,此时充电继电器吸合,开始充电,仪表上动态显示充电状态。当充电连接符号灯不亮或一直闪烁时,则应检查 CC 线是否连接好;若充电连接灯正常,充电机工作指示灯不亮,则检查 CP 线是否连接好。正常充电的仪表指示如图 2-33 所示。

图 2-33 正常充电的仪表指示

(1)充电接口与电缆故障检测。

测量家用充电线缆充电枪 CC 信号端与 PE 端阻值约为 1.5kΩ,测量充电桩充电线缆充电枪 CC 信号端与 PE 端阻值约为 680Ω,如图 2-34 所示。在充电枪正常连接电源条件下,测量充电枪 CP 线端与 PE 端应有 12V 电压,若检测结果与以上不符,则更换充电线缆(枪)验证。

(2)高压充电熔断丝熔断。

充电连接指示灯、充电机工作指示灯正常点亮,但测量低压蓄电池低压小于 13.7V,利用万用表确定充电熔断丝是否熔断。吉利帝豪 EV450 充电熔丝(HF03)电路如图 2-35 所示。

图 2-34 充电枪测量

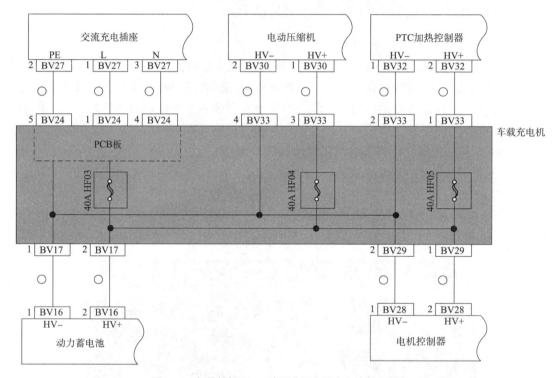

图 2-35 吉利帝豪 EV450 高压分配盒及充电熔断丝电路

(3) 低压线路故障。

若充电连接指示灯、充电机工作指示灯均没有点亮,则检查车载充电器线路:包括 12V 电源熔断丝熔断、搭铁线断路、充电唤醒线断路等。低压线路故障一般是插接件公端退针或者母端空位变大导致的,如图 2-36、图 2-37 所示。

(4) 车载充电机故障。

车载充电机(OBC)低压线路正常,利用上位机软件观察车辆充电状态信息:

①确定交流充电唤醒信号为使能状态。

②交流充电电流指令为正常电流值。

③车载充电机状态为充电。

④交流充电允许标志位为允许。

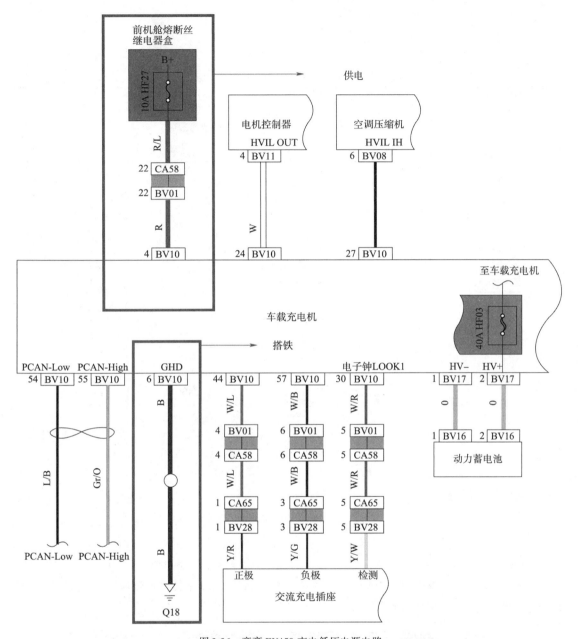

图 2-36　帝豪 EV450 充电低压电源电路

上述状态都正常的情况下，车载充电机输出电流或输出电压出现异常，则可判定为车载充电机故障。

(5) 通信线路故障。

通信线路故障，会使 OBC 单元不能与整车 CAN 数据总线进行通信。连接诊断仪器，读取故障代码(DTC)，访问 OBC，诊断仪器与 OBC 单元无法通信；访问 VCU，与车载充电机通信丢失，进行 OBC 单元与数据总线之间线路的排查。可通过万用表检查进行查找。整车 CAN 数据总线充电通信如图 2-38 所示。

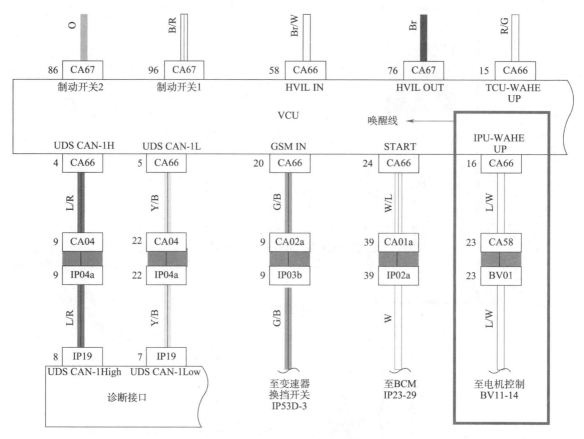

图 2-37 帝豪 EV450 充电低压唤醒电路

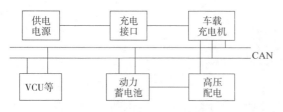

图 2-38 整车 CAN 数据总线充电通信

2. 快充常见的故障与检修

以红旗 E-QM5 纯电动汽车为实例介绍快充常见的故障诊断与排除方法。

（1）充电桩显示车辆未连接。

检修方法：检查快充口 CC1 端口与 PE 端是否有 1kΩ 电阻，检查快充口导电层是否脱落，检查充电枪 CC1、CC2 与 PE 是否导通，如图 2-39 所示。

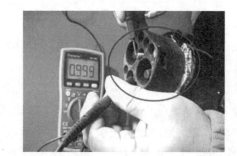 

图 2-39 检查充电枪 CC1 端口与 PE 端电阻

(2)动力蓄电池高压继电器未闭合。

红旗 E-QM5 纯电动汽车快充系统控制电路如图 2-40 所示。如果车辆充电时仪表显示充电连接正常,但存在动力蓄电池总正、总负及充电继电器无法闭合的故障,其主要原因有低压辅助电源唤醒电路、PE 电路、搭铁电路断开、快充接口、快充线束及插接件故障、VCU、动力蓄电池的低压控制电路故障等。对于此类故障,应检查各电路的连接是否正常,如连接异常,则重新连接或更换线束及插接件。检查高压配电箱、VCU、BMS、动力蓄电池及继电器是否正常,如异常,则维修或更换故障部件。

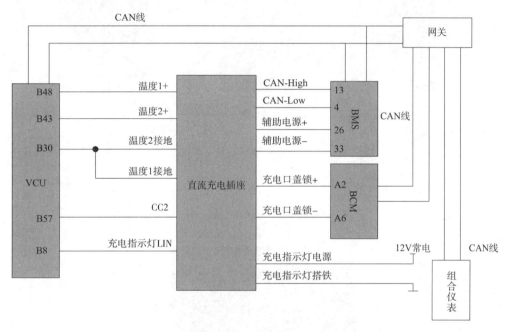

图 2-40 红旗 E-QM5 纯电动汽车快充系统控制电路

检修方法:对于此类故障,首先通过故障诊断仪根据故障信息进行排查,用万用表电压挡检查 BMS 控制单元辅助电源 A+、A- 输入端是否有 12V 唤醒信号,检查其与充电插座 CAN-High、CAN-Low 是否有 2.5V 正常电压。若异常,则检查连接线路;若正常,查看诊断仪相关接触器工作状信息。若显示"闭合",则检查高压接触器控制线路;若线路正常,则更换接触器。

(3)动力蓄电池高压接触器正常闭合,但不能充电。

对于快充系统,如果出现动力蓄电池总正、总负接触器正常闭合但无法充电的故障,其主要原因可能是高压配电箱快充接触器故障、快充线束及插接件故障等。对于此类故障,应检查高压电路是否正常、充电熔断器(有充电熔断器的车型)是否正常、快充接触器是否工作、快充接触器在动作后其触点是否接通主电路(不能接通为触点损坏)。红旗 E-QM5 纯电动汽车快充高压电路与控制电路示意图如图 2-41 所示,高压配电箱内快充继电器如图 2-42 所示。

检修方法:首先用诊断仪查看充电监控状态,以此判断充电接触器是否存在故障,若显示充电接触器没有闭合,检查配电箱供电电路及 BMS 至充电接触器控制电路;若显示充接触器闭合,打开配电箱对充电接触器进行通电,测量其主触点是否能接通。

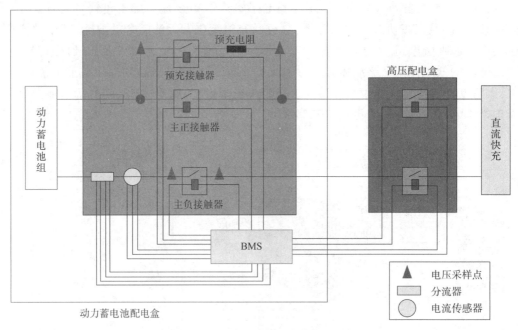

图 2-41　红旗 E-QM5 纯电动汽车高压快充电路与控制电路示意图

图 2-42　红旗 E-QM5 纯电动汽车动力舱内高压配电箱内快充继电器

(三) DC/DC 变换器控制原理

DC/DC 的主要功能就是将动力蓄电池储存的高压电转换为 12V 蓄电池所使用的低压电,满足在车辆上电后的全车低压用电设备的用电损耗,同时,给低压蓄电池完成充电。

DC/DC 变换器控制原理如图 2-43 所示。当纯电动汽车整车 "ON" 挡上电或充电唤醒上电,动力蓄电池首先开始高压系统预充电流程,被唤醒的整车控制器(VCU)发送给 DC/DC 变换器使能信号,接到使能信号后,DC/DC 变换器开始启动工作,把动力蓄电池高压直流电进行降压后为低压蓄电池充电,并作为电源为车上大量电子元件和控制系统供电。

项目二 高压电源系统检测与维修

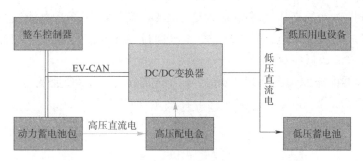

图 2-43 DC/DC 变换器控制原理

1. DC/DC 变换器外部结构

红旗 E-QM5 纯电动汽车 DC/DC 变换器安装在电动汽车机舱内,如图 2-44 所示。

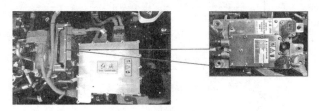

图 2-44 红旗 E-QM5 纯电动汽车 DC/DC 变换器安装位置

DC/DC 变换器高压输入端通过高压电缆与高压控制盒连接,低压输出的负极和正极分别与低压蓄电池相连接,DC/DC 变换器工作时通过低压控制端与整车控制器 VCU 进行通信,以保证 DC/DC 变换器与整车协调工作。另外,DC/DC 变换器工作时会产生大量的热量,因此,DC/DC 变换器内部布置有水套通过冷却水管与外部散热器相连以便散热。红旗 E-QM5 纯电动汽车 DC/DC 变换器外部接线端口与电路如图 2-45 所示。

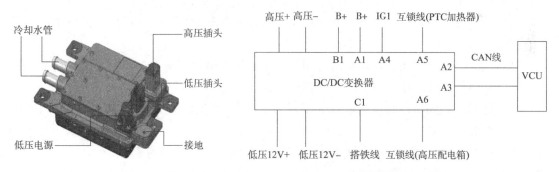

图 2-45 红旗 E-QM5 纯电动汽车 DC/DC 变换器外部接线端子与电路

高压输入端其通过高压控制盒与动力蓄电池相连接,图中低压端 B1、A1 端子为电源常电,A4 为使能信号端子,A2、A3 通过 CAN 线与整车控制器(VCU)相连,工作时,车身控制器控制 IG 继电器给 DC/DC 变换器提供 12V 使能信号;DC/DC 变换器开始工作,同时整车控制器根据 BMS 发来的动力蓄电池信息,控制 DC/DC 变换器的工作状态,实时调整对低压蓄电池的充电电流。

2. 内部结构与 DC/DC 变换器电路

内部结构主要分为高压输入部分、电能变换部分和整流输出部分,高压输入部分主要是将从高压控制盒供过来的高压直流电输入到 DC/DC 变换器内部。电能变换部分主要是把高压直流电转换成高压交流电,再把高压交流电通过变压器降压至低压交流电。整流部分是将低压交流电整流成低压直流电。

DC/DC 变换器电路原理图如图 2-46 所示。电路分为 DC/AC 逆变电路、变压器、整流电路、滤波电路四部分。

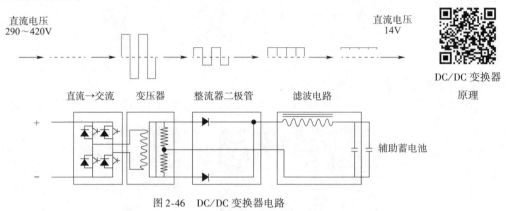

图 2-46　DC/DC 变换器电路

(四) DC/DC 变换器故障诊断与检测

DC/DC 变换器故障主要表现是 DC/DC 变换器未正常工作,解决方案是检查连接器是否正常连接;检查高压熔断器是否熔断;检查使能信号是否给出等。进行 DC/DC 变换器是否正常工作检查时,一般采用测量输出电压的方式就可以判断,下面以红旗 E-QM5 纯电动汽车 DC/DC 变换器为例予以说明。

1. 检测步骤

(1) 在保证整车线束正常连接的情况下,不起动车辆时,使用万用表测量低压蓄电池端电压,测量电压应为低压蓄电池电压(12V 左右)。

(2) 起动车辆整车上电后,继续用万用表测量低压蓄电池端电压,查看变化情况,如果数值在 13.8~14V 之间,判断为 DC/DC 变换器工作正常。

(3) 如果整车上电后,低压蓄电池电压为 12V 左右,则说明 DC/DC 变换器工作不正常。

2. 故障原因

(1) DC/DC 变换器低压电路故障,例如熔断丝、使能信号、搭铁等部位。

(2) DC/DC 变换器自身故障。

(3) DC/DC 变换器高压供电故障。例如高压线束、高压熔断器等部位。

3. 故障检测步骤

(1) 低压输出线路检查:起动车辆,组合仪表显示"READY"状态,使用万用表电压挡或试灯检查 DC/DC 变换器与低压蓄电池之间的熔断丝是否熔断,如果熔断,更换熔断丝并检查熔断原因;如果正常,检查 DC/DC 变换器输出负极连接是否松动、连接不良,若连接不良,紧固或更换螺栓。也可在关闭启动开关情况下,用万用表欧姆挡,检查 DC/DC 变换器低压输出正极和低压输出负极线路是否有断路,如果断路更换线束。

(2)低压使能线路检查:停止起动车辆,断开DC/DC变换器低压控制插头。再次起动车辆,用万用表电压挡测量DC/DC变换器使能信号供电电压,若为12V,说明供电正常;若电压为0V,则检查DC/DC变换器使能信号线至熔断丝之间是否有断路故障,若有则维修和更换线束。

(3)数据线路检查:如果DC/DC变换器使能信号正常,检查DC/DC至整车控制器数据传输线是否有2.5V左右电压,若没有,说明CAN线有断路故障。

(4)搭铁线路检查:如果DC/DC变换器使能信号、CAN线信号均正常,则用万用表欧姆挡测量DC/DC变换器搭铁是否正常。

(5)高压电路检查:若DC/DC变换器低压控制电路均正常,检查DC/DC变换器高压电路。在检查高压电路时要注意高压安全防护。按照安全操作标准进行高压断电,断开DC/DC变换器输入高压电缆,用专用工具或跨接线短接互锁信号后,进行高压上电,测量DC/DC变换器高压输入端是否有240~410V高压电;若没有高压电,高压断电后,用万用表欧姆挡测量DC/DC变换器高压输入线束电阻;若阻值过高,更换高压线束;若阻值正常,拆卸高压控制盒上盖,检查高压控制盒内DC/DC熔断器是否熔断以及内部连接线束是否正常,如熔断更换熔断器。若以上高低压均正常,则为DC/DC变换器故障,应更换DC/DC变换器。

二、任务实施

(一)工作准备

(1)防护装备:常规实训着装、绝缘鞋、绝缘手套。
(2)车辆、台架、总成:吉利纯电动汽车或其他同类新能源车辆。
(3)专用工具、设备:万用表、汽车故障诊断仪或其他适用的设备。
(4)手工工具:组合工具。
(5)辅助材料:无。

(二)实施步骤

车载充电机的更换:当车载充电机发生故障时,需要进行更换,具体更换步骤如下。

1. 准备工作

给车辆安装三件套;打开机舱盖,安装翼子板布、前格栅布。

2. 下电

按照规范流程进行下电操作。

3. 车载充电机拆卸流程

(1)依次断开高压和低压线束及连接水管(请谨慎拔下水管放出和回收冷却液,避免冷却液进入高压和低压插接件中),如图2-47、图2-48所示。

(2)拆卸车载充电机固定螺栓,取下车载充电机,如图2-49所示。

图 2-47　断开车载充电机高压线束

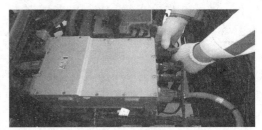

图 2-48　断开车载充电机低压线束及连接水管

图 2-49　拆卸车载充电机固定螺栓，取下车载充电机

4. 更换新的车载充电机

车载充电机安装到位后，按规定力矩紧固固定螺栓；安装高压线束和低压线束及连接水管，加注冷却液。

5. 安装后检查

(1) 起动车辆，检查车载充电机连接水管有无渗漏，用故障诊断仪进入 OBC 系统，读取故障码，清除故障码。

(2) 取下前格栅布、翼子板布以及三件套。

思政教育

工匠精神是一种职业精神，它是职业道德、职业能力、职业品质的体现，是从业者的一种职业价值取向和行为表现。"工匠精神"的基本内涵包括敬业、精益、专注、创新等方面的内容。

项目二　高压电源系统检测与维修

工匠精神代表人物事迹之二——工艺美术师孟剑锋

孟剑锋是北京工美集团有限责任公司的一名錾刻工艺师,他用纯银精雕细琢錾刻的"和美"纯银丝巾,在北京 APEC 会议上被作为国礼之一赠送给外国领导人及夫人。从业20年来,他追求极致,对作品负责、对口碑负责、对自己的良心负责,将诚实劳动内化于心,这是大国工匠的立身之本,"中国制造"的品质保障。国礼中有一件看起来是草藤编织的果盘,里面有一条柔软的银色丝巾,丝巾上的图案清晰自然,赏心悦目。为了分别做出果盘的粗糙感和丝巾的光感,孟剑锋反复琢磨、试验,亲手制作了近30把錾子,最小的一把在放大镜下做了5天。

从19岁学习首饰加工起,孟剑锋在这个岗位上一干就是28年。孟剑锋回忆,当年刚入厂时,师傅曾让他练习基本功,枯燥的动作他重复了一年有余。"几十种錾子,每一种都要求你去练一段时间,比如弯钩錾、直口錾,练到纯熟了,换下一把錾子继续练,有时候一练就是一两年、两三年。"当他有些灰心之时,母亲教导他,做事情要坚持,不要半途而废。"坚持不一定成功,坚持到底就是成功。"师傅的这句话,他记了一辈子。

孟剑锋曾在一个20世纪80年代的老厂房里,和其他技工一起,熔炼、掐丝、整形、錾刻,敲击不同的錾子,就会在金属上留下不同的花纹,一件件精美的作品就这样在他们手里诞生了。

追求极致,这是孟剑锋给自己提的标准。支撑果盘还需要4个中国结作为托儿,工艺标准并没有规定它们必须是手工加工。技师们准备用机械铸造出来,再焊接到果盘上,但是,铸造出来的银丝上有砂眼,尽管极其微小,孟剑锋心里却怎么也过不去这道坎。在他心目中,没有瑕疵,并且是纯手工,这才配得上国礼。

如今,已经是国家高级工艺美术技师的孟剑锋,对自己还有更高的要求,他觉得要干好工艺美术这行还应该懂绘画,现在有时间就和爱人一起出去写生、练素描。孟剑锋说,有一天,他一定会拿出一个像样的绘画作品,就像做錾刻那样,他就是要超越自己,追求极致。

一句话概括,在北京 APEC 会议上,我国送给外国领导人及夫人国礼之一"和美"纯银丝巾果盘,是孟师傅在只有0.6毫米的银片上,经过上百万次的精雕细琢才打造出来的"丝巾"。航天英雄、奥运优秀运动员、汶川地震纪念等奖章都是出自孟剑锋之手。

习题

一、填空题

1. 动力蓄电池系统主要由_____、_____及_____等组成。
2. 高压配电箱其上游是_____,下游包括_____、_____、_____、_____、_____、_____加热器等。
3. 慢速充电系统是车辆通过_____插座或_____充电桩为动力蓄电池进行充电。
4. 直流充电桩的主要作用则是将_____电能转换为_____电能,并采用方式为电动汽车充电。

二、判断题

1. 蓄电池管理系统通过检测电压、电流及温度等信息，实现对动力蓄电池系统进行过压、欠压、过流、过高温和过低温保护。（ ）

2. 在蓄电池充放电过程中，由于蓄电池存在阻抗，导致蓄电池内部产生热量。（ ）

3. 快充充电系统充电接口电路 A+、A- 为主供电电源。（ ）

4. 由于直流充电桩充电功率较小，蓄电池充电时间较长，因此可充分利用低谷时段充电。（ ）

三、选择题

1. 动力蓄电池管理系统中主控盒与从控盒之间是通过（ ）进行通信的。
   A. LIN 线　　　　　B. CAN 线　　　　　C. 无线方式　　　　　D. 传统导线

2. 比亚迪 E6 纯电动汽车高压配电箱内的主预充继电器是由（ ）控制的。
   A. 整车控制器　　　　　　　　　B. 电机控制器
   C. 动力蓄电池管理器　　　　　　D. 充电机

3. 快充系统中直流充电口插孔（ ）采用 CAN 线进行信息传输。
   A. D+ D-　　　　　B. A+ A-　　　　　C. S+ S-　　　　　D. CC1 CC2

4. 电动汽车 DC/DC 变换器可将直流高压转变成（ ）低压，为低压蓄电池及全车低压设备供电。
   A. 直流　　　　　B. 交流　　　　　C. 直流脉冲　　　　　D. 交流脉冲

项目三
整车驱动控制系统检测与维修

知识目标

（1）掌握纯电动汽车驱动系统组成及特点。
（2）掌握混合动力电动汽车驱动系统组成及特点。
（3）了解混合动力电动汽车驱动系统的工作模式。

技能目标

（1）能够按照正确的维修标准完成纯电动汽车驱动系统的检修。
（2）能够进行纯电动汽车驱动电机总成的拆卸与安装。
（3）能够掌握混合动力电动汽车驱动系统的检修方法。
（4）能够对混合动力电动汽车驱动系统进行性能检测。

素质目标

（1）培养遵守安全作业要求、注重个人安全防护的能力。
（2）培养服从管理、规范作业的能力。
（3）培养能正确地检查工作结果并进行自我评估的能力。

任务1　纯电动汽车驱动系统检修

任务描述

　　一辆比亚迪 E5 纯电动汽车正常高压上电后，车辆不能行驶，技术人员对车辆驱动系统进行检测，确认驱动电机发生故障，更换驱动电机总成后故障排除。请问你了解纯电动汽车驱动系统吗？你能否对驱动系统进行检测并完成更换驱动电机这一任务？

一、知识准备

(一)纯电动汽车(BEV)驱动系统结构与控制认知

1. 纯电动汽车(BEV)驱动系统类型与结构

纯电动汽车根据驱动电机与驱动桥、驱动轮的位置,主要有传统后驱式、电机减速器驱动桥一体式、电机变速器驱动桥一体式以及轮边电机驱动式和轮毂电机驱动式等形式,除传统驱动式外,其他形式均可实现后驱、前驱、4驱布置。

(1)传统后驱式。

传统后驱布局,与传统内燃机汽车后轮驱动形式基本一致,带有离合器、变速器以及传动轴,驱动桥和内燃机的驱动桥一样,只是将内燃机更换成电机。也就是说,在传统发动机舱内布置了驱动电机、电机控制器以及变速器等一系列元件,通过传动轴将动力传至后轮。传统后驱式如图3-1所示。

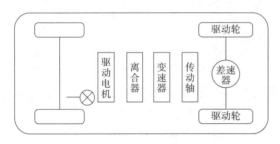

图3-1 传统后驱式(带手动变速器和离合器)

(2)电机减速器驱动桥一体式。

电机-驱动桥后驱布局在传统后驱布局的基础上取消了离合器、变速器以及传动轴等一系列部件,将电机、固定减速比的减速器集成为一个整体,通过两个半轴驱动车轮。电机-减速器一体化驱动系统可以有效改善电机与电控之间的匹配协同作用,最大程度改善电机出力特性,增加电机转矩输出范围,同时提升车辆的性能。电机减速器驱动桥一体式如图3-2所示。

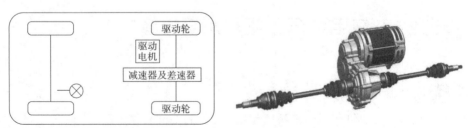

图3-2 电机减速器驱动桥一体式

(3)电机变速器驱动桥一体式。

这种驱动形式会搭载两挡变速器,根据实际情况使用不同挡位,可保证车辆具有较强的动力性能。平时用2挡工作,在车辆需要超车、满功率加速时,切换到齿比更大的1挡帮助车辆完成加速。电机变速器驱动桥一体式如图3-3所示。

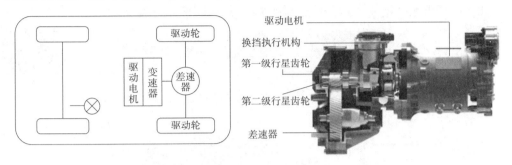

图3-3 电机变速器驱动桥一体式

(4)轮边电机驱动式。

这种布局将轮边电机和减速器集成以后融入驱动桥上,采用刚性连接,减少了高压电器数量,缩短了线路的长度,达到提升效率的目的,同时还能够降低车身高度、提高承载量以及增加车内空间。轮边电机驱动式如图3-4所示。

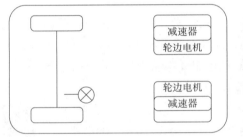

图3-4 轮边电机减速器驱动式

(5)轮毂电机驱动式。

轮毂电机相比起轮边电机更加极致,将电机直接安装在车轮上,轮毂就是电机的转子,转向节就是定子。轮毂电机的车辆理论上能够明显降低车辆动力系统的零件数量以及体积,对车内空间实用性和利用率明显提高。同时,动力蓄电池能够更加自由布局,甚至可以在相同设计下有效增加车辆的动力蓄电池容量,增加车辆续驶里程。轮毂电机驱动式如图3-5所示。

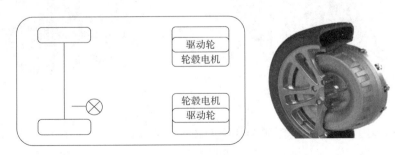

图3-5 轮毂电机驱动式

2. 纯电动汽车驱动系统组成与控制

以比亚迪纯电动汽车驱动系统为例,其组成如图3-6所示,主要由主控ECU、电机控制器、驱动电机、高压配电箱、动力蓄电池、制动踏板、加速踏板传感器和挡位控制器等组成。

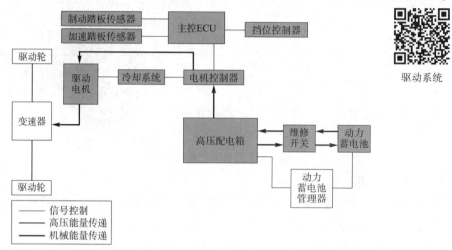

图3-6 比亚迪纯电动汽车驱动电机系统框图

车辆运行时,主控ECU接收加速踏板传感器、制动踏板传感器和挡位控制器等信号,经处理后,将运行指令传递给电机控制器,以控制流向驱动电机的电流大小。此时,动力蓄电池电流通过维修开关、高压配电箱、电机控制器到达驱动电机,使驱动电机运转,驱动电机转矩通过变速器/差速器和半轴,带动左右车轮旋转,使车辆行驶。

3. 驱动电机

驱动电机位于汽车的机舱内,在电机控制器的下方,如图3-7所示。驱动电机可将电机控制器逆变处理的交流电能转换为旋转的机械能驱动车辆行驶,也可以在车辆制动时将车辆的动能转换为电能,回馈给车辆。驱动电机也可以实现车辆动力系统的锁止。

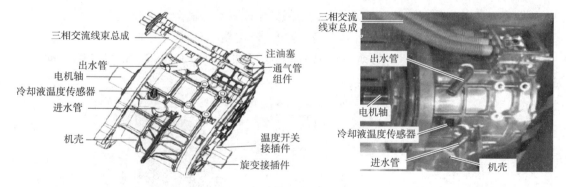

图3-7 驱动电机外形结构

比亚迪E6纯电动汽车驱动电机最大输出转矩为450N·m,额定输出功率75kW,驱动电机最大输出功率(峰值功率)为120kW。峰值功率表示电动汽车行驶的后备功率,可使驱动电机具有一定的过载能力,与整车的加速、爬坡性能相关;驱动电机最大输出转速为7500r/min,

电机用油型号为美孚 SAE80W-90,驱动电机油量为 2L,电动机冷却方式为水冷。

比亚迪 E6 纯电动汽车驱动电机采用交流无刷永磁同步电机,通过采集电机旋变(电机转子永磁体位置检测器)信号进行工作。当车辆行驶时,电机控制器通过旋转变压器检测到电机转子永磁体的位置,此位置信号经控制器处理,转变为脉冲宽度调制(PWM)信号控制逆变器 IGBT(绝缘栅双极型晶体管)开断,进而使电机控制器输出近似正弦波的三相高压交流电。

比亚迪 E6 纯电动汽车驱动电机由外圈的定子、内圈的转子和旋转变压器等组成,如图 3-8 所示。

图 3-8　交流无刷永磁同步电机的内部结构

(1)定子部分。

定子部分与普通同步电动机基本相同,主要由电枢铁芯、电枢三相绕组、机座等组成,电枢铁芯一般采用 0.5mm 硅钢片紧密叠转而成。三相绕组沿电枢铁芯对称分布,在空间互差 120°电角度。

(2)转子部分。

转子部分主要由永磁体、转子铁芯和转轴等组成,永磁同步电机定子与转子构造如图 3-9 所示。

图 3-9　永磁同步电机定子与转子构造

永磁体主要采用铁氧体和钕铁硼永磁材料。转子铁芯可根据磁极结构不同,采用钢板或硅钢片叠压而成。

4. 旋转变压器

旋转变压器主要用于电动机转速、转角的测量。旋转变压器外部结构与工作原理如图 3-10 所示。

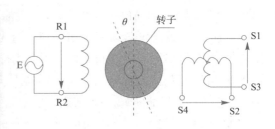

图 3-10 旋转变压器外部结构与工作原理

旋转变压器定子包括三个绕组,即励磁绕组 R1R2 和两组输出绕组 S1S3、S2S4,3 个绕组放在同一个定子槽内。转子磁极形状为特殊设计,使得气隙磁场近似于正弦波。工作时,以一恒定频率的交流电压为励磁绕组 R1R2 励磁,绕组 S1S3、S2S4 输出与转子永磁体旋转位置相对应的值。其输出信号随转子转角作正弦变化并彼此相差 90°。在时间上,两输出绕组的电压幅值与转子转角呈正、余弦函数关系。

5. 电机控制器

电机控制器是驱动电机控制系统的核心装置。比亚迪 E6 纯电动汽车采用的电机控制器为电压型逆变器,利用 IGBT 将直流转换为交流电,额定电压 316V,主要功能是控制电机的正转、反转、功率、转矩和转速等。

电机控制器位于汽车的机舱内,如图 3-11 所示。电机控制器总成内部分为上、中、下层,上、下层为电动机控制单元,中层为水道冷却单元,总成外部有各种信号接插件:12V 电源、挡位控制器、加速踏板传感器、制动踏板传感器、旋转变压器、电机温度、预充满信号线等,2 根动力蓄电池正负极接插件,3 根电机三相线接插件和 2 个水套接头等,如图 3-12 所示。

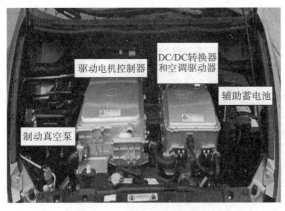
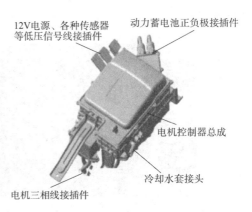

图 3-11 比亚迪 E6 纯电动汽车驱动电机控制器安装位置   图 3-12 电机控制器总成外围接插件

电机控制器与驱动电机连接电路如图 3-13 所示。电动机线路接插件位置如图 3-14 所示。

6. 电机控制器动力电路与控制电路

比亚迪 E6 纯电动汽车电机控制器动力流由高压配电箱输入,经内部逆变为三相交流电通过三相高压线至驱动电机,电机控制器连接的控制线主要有加速踏板、制动踏板位置传感器、电机旋变及温度传感器、数据传输 CAN 线、制动信号、驻车信号、模式开关信号等,控制电路如图 3-15 所示。

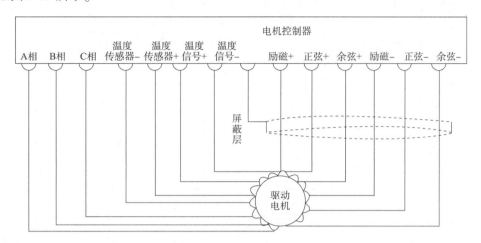

图 3-13　电机控制器与驱动电机连接电路图

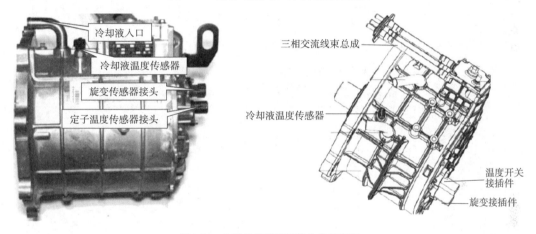

图 3-14　电动机线路接插件位置示意图

7. 驱动电机冷却系统

比亚迪 E6 纯电动汽车电动机冷却系统采用闭式强制水冷循环系统,如图 3-16 所示,冷却介质为乙二醇型冷却液。

驱动电机冷却系统

驱动电机冷却系统由电动水泵提供动力,低温冷却液通过冷却管路由散热器流向电机控制器、DC/DC 转换器、动力电机等待散热元件。冷却液在待散热元件吸收热量后,再通过冷却管路流经散热器进行散热,之后进行下一循环。

8. 加速踏板位置传感器

加速踏板位置传感器位于驾驶人右脚处的加速踏板内,安装位置示意图如图 3-17 所示。

加速踏板位置传感器用于车辆加减速,类似传统燃油车的电子加速踏板。通过驾驶人控制加速踏板的旋转角度,来控制加速踏板位置传感器输出的电压信号,然后将电压信号传递给电机控制器,再根据加速踏板位置传感器输出的电压信号控制电机电流大小,以到达控制电机转矩的目的。

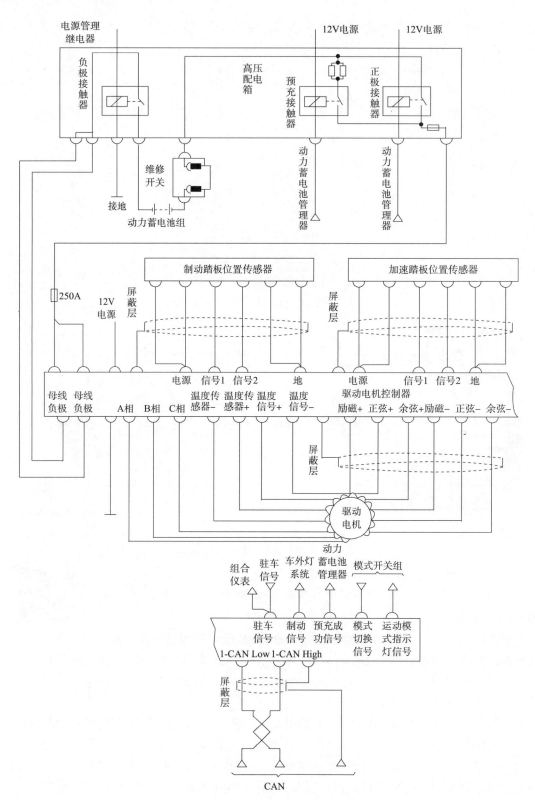

图 3-15 电机控制器动力与控制电路连接示意图

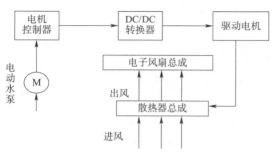

图 3-16 比亚迪 E6 纯电动汽车电动机冷却系统

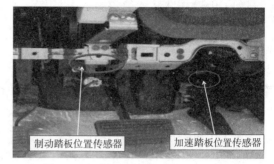

图 3-17 加速踏板位置传感器(加速踏板)在车辆上安装位置示意图

(二) BEV 驱动控制系统故障诊断与检测

1. 驱动电机控制系统故障诊断

纯电动汽车驱动系统发生故障较为常见,一般按照性质划分,可分为电气故障和机械故障。机械故障一般比较容易发现和判断,具体来说是异响故障,一般会在纯电动汽车行驶过程中,听到一些不同于以往行驶的声音,这类声音比较奇怪,与往日纯电动汽车行驶中所产生的响动大相径庭。这类异响的产生,大概率是由转子扫膛或轴承磨损造成。电气故障主要有控制器故障、控制电路故障、传感器故障、驱动电机电气故障等。此外,驱动系统冷却系统异常,也会使驱动系统不能正常工作。

2. 驱动电机控制系统故障处理方法

驱动电机控制系统发生故障首先使用诊断仪诊断,将诊断仪连接 DLC3 诊断口,进行故障诊断,驱动电机控制器模块故障诊断表见表 3-1。

驱动电机控制器模块故障诊断表 表 3-1

故障诊断码(DTC)	故障描述	可能发生的部位
P1B00-00	IPM 故障	驱动电机控制器
P1B01-00	旋变故障	电机、线束、接插件
P1B02-00	欠压保护故障	驱动电机控制器
P1B03-00	主接触器异常故障	驱动电机控制器动力蓄电池管理器、高压配电箱
P1B04-00	过压保护故障	驱动电机控制器
P1B05-00	IPM 散热器过温故障	驱动电机控制器
P1B06-00	挡位故障	挡位控制器、驱动电机控制器/线束
P1B07-00	加速踏板异常故障	加速踏板位置传感器回路
P1B08-00	电机过温故障	制动踏板位置传感器回路
P1B09-00	动力电机过流故障	驱动电机
P1B0A-00	缺相故障	驱动电机控制器,线束
P1B0B-00	EEPROM 失效故障	—

(1) P1B00-00 IPM 故障。

报 IPM 故障,说明控制器内功率模块或其控制电路损坏,应更换驱动电机控制器。

(2) P1B01-00 旋变故障。

检查低压接插件;退电"OFF"挡,拔掉电机控制器低压接插件,测量旋转变压器电阻是否正常,若正常,则检查电机控制器接插件是否松动,如果没有,则为动力控制器故障,应更换驱动电机控制器验证。

(3) P1B02-00 欠压保护故障。

①检测动力蓄电池电量是否大于 10%,若不足,要给动力蓄电池充电。

②检测高压母线电压,断开维修开关,等待 5min,拔掉电机控制器高压接插件端子,插上维修开关,整车上 OK 电,EV 模式,测量母线端电压值,若线端电压值不足,检查高压配电盒及高压线路,若正常,更换驱动电机控制器验证。

(4) P1B07-00 加速踏板异常故障。

检查低压接插件,检查低压接插件是否松动;松动、插紧或更换接插件,检测加速踏板位置传感器,若故障不在加速踏板传感器则更换驱动电机控制器。

(5) P1B08-00 电机过温故障。

检查高压冷却回路,冷却回路故障检测电机,若电机无故障则更换驱动电机控制器。

(6) P1B0A-00 缺相故障。

检查低压接插件,检查低压接插件是否松动,若松动插进紧或更换接插件,检测动力总成,若故障不在动力总成,则更换驱动电机控制器验证。

(7) P1B05-00 IPM 散热器过温故障。

①检查高压冷却回路。

②冷却回路无故障,则更换驱动电机控制器。

(8) 全面诊断。

故障现象不在故障诊断表内,应进行全面诊断,具体方法是按维修手册对驱动电机控制器低压接插件各插脚按标准电压进行测量。

3. 驱动电机控制系统传感器检测

(1) 比亚迪 E6 纯电动汽车旋转变压器各个绕组阻值及其波形检测。

①测量旋转变压器各绕组阻值检测。

旋转变压器

拔下驱动电机上旋转变压器插座插头,使用万用表电阻挡测量旋转变压器励磁、正弦和余弦 3 组线圈阻值,旋转变压器插座励磁插针 4 号、12 号端子的电阻值,正常值为 $(8.1\pm2)\Omega$;测量正弦线圈插针 5、13 号端子的电阻值,正常值为 $(+14\pm4)\Omega$;测量余弦线圈 6、14 号端子的电阻值,正常值为 $(14\pm4)\Omega$,如图 3-18 所示。

注:正弦余弦之间、正弦、余弦和励磁之间,以及旋变信号和壳体之间阻抗大于 $20M\Omega$。电机控制器 15 脚与 7 脚为电机温度传感器输入端子,拔下该端子常温下测量阻值小于 100Ω。

②测量旋转变压器各个绕组波形。

使用示波器,设置通道模式,打开启动开关,在线测量旋转变压器励磁(EXC)、正弦(M-SIN)和余弦(M-COS) 3 组线圈波形,如图 3-19 所示。

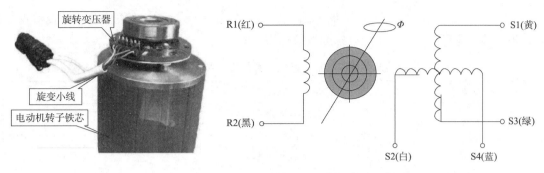

图 3-18 比亚迪 E6 纯电动汽车旋转变压器各个绕组阻值测量

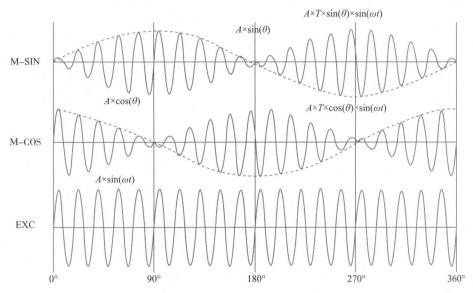

图 3-19 比亚迪 E6 纯电动汽车旋转变压器各个绕组波形测量

（2）电机检测。

电机线圈测量：电机 A、B、C 三相高压线之间阻值小于 0.9Ω，且三相线圈阻值应一致，电机 A、B、C 三相绕组与壳体绝缘电阻应大于 $10M\Omega$。

（3）加速踏板位置传感器检查。

检查驱动电机控制器与加速踏板位置传感器接插件插脚电压、线束间电阻。

①加速踏板位置传感器检查。

拔下驱动电机控制器连接器 B32 和加速踏板位置传感器连接器 B31，用万用表检查加速踏板位置传感器与电机控制器线束之间电阻。电机控制器与加速踏板位置传感器之间线束电阻检查，见表 3-2。

测量电压值　　　　表 3-2

端子	正常值	端子	正常值
B31-2→B32-27	小于 1Ω	B31-1→B32-25	小于 1Ω
B31-5→B32-13	小于 1Ω	B31-3→B32-15	小于 1Ω

②按下启动开关"OK"上电，从加速踏板位置传感器 B31 后端引线处，用万用表检查加速踏板位置传感器各端子电压值，各测量值见表 3-3。

电机控制器线束与加速踏板位置传感器线束电阻检查值　　表 3-3

端子	条件	正常值
B31-4(信号1)→车身地	不踩加速踏板	约 0.66V
	加速踏板踩到底	约 4.45V
B31-6(信号2)→车身地	不踩加速踏板	约 4.34V
	加速踏板踩到底	约 0.55V
B31-1(电源1)→车身地	"ON"挡电	约 5V
B31-2(电源2)→车身地	"ON"挡电	约 5V
B31-3(搭铁1)→车身地	"ON"挡电	小于 1V
B31-5(搭铁2)→车身地	"ON"挡电	小于 1V

二、任务实施

(一) 工作准备

(1) 防护装备：常规工作服、绝缘鞋、绝缘手套。
(2) 车辆、台架、总成：比亚迪 E5 纯电动汽车，或其他同类新能源车辆。
(3) 专用工具、设备：万用表、汽车举升机或其他适用的设备。
(4) 手工工具：组合工具。
(5) 辅助材料：无。

(二) 实施步骤

1. 比亚迪 E5 纯电动汽车驱动电机拆卸

(1) 按照规范流程完成车辆下电、验电操作、放掉驱动系统冷却液、拆卸高压电控总成高低压线束插接件、拆卸冷却水管操作，如图 3-20 所示。

图 3-20　比亚迪 E5 纯电动汽车高压电控总成位置

(2) 拆卸动力总成外围部件、固定螺栓，取下高压电控总成，如图 3-21 所示。

图 3-21　拆下高压电控总成

①拆下车速传感器插头及线束固定卡扣。

②拆下驱动电机冷却液温度传感器、旋变传感器和温度传感器插头及线束固定卡扣,如图 3-22 所示。

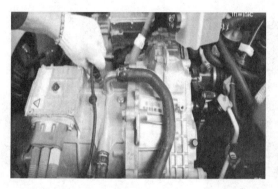

图 3-22　拆下冷却液温度传感器、旋变传感器和温度传感器插头及线束固定卡扣

(3)拆下驱动电机冷却液出水管固定卡箍与水管及驱动电机搭铁线束固定螺栓、电动水泵三颗固定螺栓并悬挂,如图 3-23 所示。

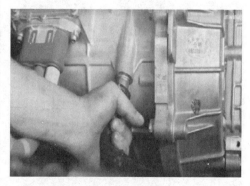

图 3-23　拆下驱动电机冷却液出水管及电动水泵三颗固定螺栓

(4)拆下驱动电机右侧固定支架上部一颗固定螺栓,举升车辆后用铁丝悬挂电动压缩机。

(5)拆下电动压缩机四颗固定螺栓,如图 3-24 所示。

图 3-24　拆下电动压缩机四颗固定螺栓

2. 拆卸半轴及取下驱动电机

(1) 降下车辆后分别拆下左前、右前轮轮毂装饰盖,撬起半轴螺母锁片,拆下半轴螺母,拆下左前、右前轮胎,拆下右前轮制动油管支架固定螺栓、右前轮轮速传感器,如图 3-25 所示。

图 3-25　拆下右前轮及制动油管支架固定螺栓、右前轮轮速传感器

(2) 拆下转向横拉杆球头固定螺栓,拔出右侧半轴球笼,固定制动盘与减振器,如图 3-26 所示。

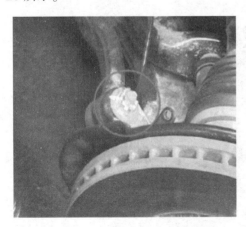

图 3-26　拆下转向横拉杆球头固定螺栓,拔出右侧半轴球笼

(3) 按同样操作方法拔出左侧半轴球笼,举升车辆,拔出左右半轴,如图 3-27 所示。

图 3-27　举升车辆,拔出左右半轴

（4）将举升托盘千斤顶从下部顶住动力总成,旋松驱动电机右侧支架 3 颗固定螺栓,如图 3-28 所示。同样旋松减速器左侧支架的 3 颗固定螺栓,旋松减速器后侧支架的 3 颗固定螺栓。

图 3-28　千斤顶从下部顶住动力总成,旋松驱动电机右侧支架 3 颗固定螺栓

（5）拆下旋松的 9 颗固定螺栓,拆下车身底部加强支架及固定螺栓,拆下减速器后侧支架固定螺栓,如图 3-29 所示。拆下车身底部加强支架及固定螺栓,拆下减速器后侧支架固定螺栓。

图 3-29　拆下旋松的 9 颗固定螺栓,拆下车身底部加强支架,拆下后侧支架固定螺栓

（6）取下减速器后侧支架,缓慢降下托盘千斤顶,观察是否有管路及线束阻碍动力总成的下降;取下减速器后侧支架,缓慢降下托盘千斤顶,如图 3-30 所示。

图 3-30 取下减速器后侧支架,缓慢降下托盘千斤顶

任务2　混合动力电动汽车驱动系统检修

任务描述

一辆丰田普锐斯混合动力电动汽车动力故障指示灯点亮,车辆不能行驶,经检查确认驱动系统发生故障,更换混合动力汽车驱动桥后,故障排除。请问你了解混合动力电动汽车驱动系统吗?你能完成对混合动力汽车驱动桥的故障检查吗?

一、知识准备

(一)混合动力电动汽车驱动系统结构与控制认知

1. 按输出功率所占比重划分

在混合动力系统中,根据电动汽车电动机的输出功率在整个系统输出功率中所占比重,混合动力汽车可分弱混、中混、重混三类。混合度(混合度指的是电系统功率占动力源总功率的百分比)不同,功能要求也有差别。

(1)弱混动力系统。

弱混动力系统采用了 48V BSG 电机系统(皮带驱动式起动机/发电机),电机通过皮带与发动机曲轴连接,因电机功率小,不能驱动车轮,主要功能是实现发动机的起停,同时还具有辅助发动机助力功能,并能够在电动汽车制动和下坡工况下,实现对部分能量的回收。弱混动力系统的混合度一般在 15% 以下,如图 3-31a)所示。

(2)中混动力系统。

中混动力系统采用 ISG 系统并使用高压电机,如图 3-31b)所示,电机可暂短驱动车辆轻载行驶,在汽车加速或者大负荷工况时,电机可辅助发动机驱动车辆,补充发动机本身动力输出的不足,提高整车性能。这种系统的混合程度较高,可以达到 30% 左右,在城市循环工况下节油率可以达到20%～30%,目前技术比较成熟,应用广泛。

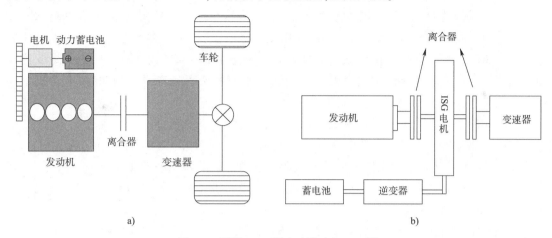

图3-31 弱混BSG系统与中混动力ISG系统

(3)重混动力系统。

重混动力系统采用了272～650V的高压电机,混合度可以达到50%以上,在城市循环工况下节油率可以达到30%～50%。其特点是动力系统以发动机为基础动力,动力蓄电池为辅助动力。采用的电机功率更为强大,完全可以满足车辆在起步和低速时的动力要求。重度混合车型无论是在起步还是低速行驶状态下都不需要起动发动机,依靠电机可以完全胜任,在低速时就像一款纯电动汽车。在急加速和爬坡运行工况下,车辆需要较大的驱动力时,电机和发动机同时对车辆提供动力。

2. 根据混合动力驱动的连接方式划分

(1)串联式混合动力电动汽车。

串联式混合动力电动汽车,发动机带动发电机发电,发出的电能通过电动机控制器输送给电动机,由电动机将电能转化为机械能驱动汽车行驶。当发电机发出的功率大于电动机所需的功率时(如汽车减速滑行、低速行驶或短时停车等工况),多余的电能向储能系统充电;而当发电机发出的功率小于电动机所需的功率时(如汽车起步、加速、爬坡、高速行驶等工况),储能系统向电动机提供额外的电能,补充发电机功率的不足,满足车辆峰值功率要求。与传统的燃油车比较,它是一种发动机辅助型的电动汽车,主要是为了增加汽车的续驶里程,如图3-32所示。

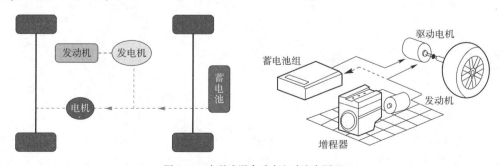

图3-32 串联式混合动力电动汽车原理

（2）并联式混合动力电动汽车。

并联式混合动力电动汽车有两套驱动系统：驱动部件有发动机和电动机，发动机和电动机通常采用不同的离合器驱动车轮，可以采用发动机单独驱动、电力单独驱动以及发动机和电力混合驱动三种不同的工作模式。并联式是一种电力辅助型的燃油车，目的是降低排放和燃油消耗。当发动机提供的功率大于驱动汽车所需的功率或者再生制动时，电动机工作在发电机状态，将多余的能量充入动力蓄电池。

并联式混合动力汽车的工作模式主要有以下几种：

①纯电驱动模式。传统车辆起步时发动机效率低，排放差。并联结构由于增加了一套电驱动系统，在蓄电池电量充足的情况下使用纯电动机起动和车辆起步驱动。

②纯发动机驱动模式。当车辆匀速行驶，满足发动机高效工作区域时，使用纯发动机驱动，可以获得较高的效率。

③混合驱动模式。加速或爬坡工况下车辆需要更大的驱动力，此时内燃机和电机两个动力系统同时输出动能，满足动力要求；电动机的能量来自蓄电池组。

④行车充电模式。当发动机输出功率大于车辆负荷，蓄电池组荷电状态未达到最高限值时，发动机多余能量用来带动发电机给蓄电池组充电。

⑤制动能量回收模式。车辆减速制动时电动机作为发电机使用，提供供电制动力矩，同时回收电能给蓄电池组充电。

⑥停车充电模式。若停车前蓄电池组的电量不足，为了保证下一次起动时可以使用纯电动机起动，增加纯电驱动续驶里程，可以在停车时利用发动机给蓄电池组充电。

并联式混合动力驱动系统结构有多种，电机可放置在变速器前，也可放置在变速器后，如图3-33所示。以比亚迪秦混合动力汽车为例，比亚迪秦将驱动电机加在变速器的输出端，避免了对变速器转矩承受能力的需求，只要减速器能承受，全部功率都可以被利用，就可以增大整车的功率。但此种方式因电机输出传动比固定，当车辆高速行驶时，由于电机在高转速时的转矩减小较多，使车辆在高速行驶时的动力性较差。车用驱动电机转矩特性如图3-34所示。

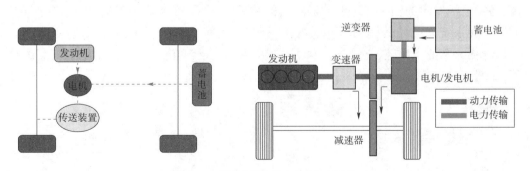

图3-33　并联式混合动力电动汽车原理

（3）混联式混合动力电动汽车。

混联式混合动力电动汽车驱动系统主要由发动机、蓄电池组、功率转换器、电动机、发电机、动力合成器或离合器和变速器等组成，图3-35所示分别为丰田THS动力合成器式驱动系统和本田 i-MMD 驱动系统原理。发动机的输出功率分为两部分:一部分通过动力合成器或离合器输送到传动装置,驱动车辆;另一部分输送到发电机进行发电。发动机产生的电能分配给蓄电池组或电动机。电动机从发电机或蓄电池组得到电能,产生驱动功率,通过动力合成器输送到传动装置,驱动车辆。

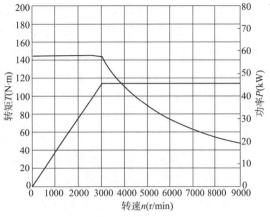

图 3-34　车用驱动电机转矩特性

混联式混合动力电动汽车工作模式如下:

① 纯发动机驱动模式:仅由发动机向车辆提供驱动功率,蓄电池组既不从传动系统中获取能量也不提供电能。此时,电动机、发电机处于关闭状态。

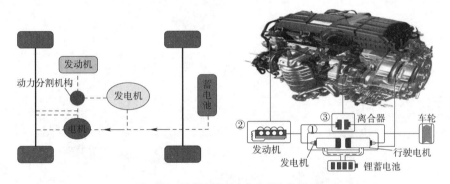

图 3-35　混联式混合动力电动汽车原理

② 纯电驱动模式:车辆由蓄电池组通过功率转换器向电动机供电,电动机直接向车轮提供驱动功率。此时,发动机、发电机处于关闭状态。

③ 混合驱动模式:车辆的驱动功率由蓄电池和发动机共同提供,并通过动力合成器合成或离合器结合后,向机械传动装置提供动力。

④ 再生制动模式:电动机运行在发电机状态,通过消耗车辆本身的动能产生电功率,向蓄电池组充电,发动机处于关闭状态。

⑤ 蓄电池停车充电模式:车辆停止行驶,发动机通过动力合成器或直接带动发电机发电,向蓄电池组提供电能进行充电。

⑥ 发动机驱动、蓄电池充电模式:发动机除提供车辆行驶所需要的驱动功率外,同时向蓄电池组提供充电功率。此时,发动机的功率由动力合成器或离合器分成两路,一路驱动车辆行驶,一路带动发电机发电。

(4) 插电式混合动力汽车(PHEV)。

插电式混合动力分为并联和串联两种结构。插电式混合动力可以外接电网充电;在相同车型条件下,插电式混合动力汽车的蓄电池比油电混合动力汽车的蓄电池功率大,发动机功率比油电式混合动力汽车小。

插电式混合动力系统根据车上蓄电池荷电状态的变化特点,可以分为纯电动(BEV)和混合动力(HEV)两种子模式。纯电动子模式中,发动机是关闭的,蓄电池是唯一的能量源,蓄电池的荷电状态降低,整车一般只达到部分动力性指标。该模式适合在起动、低速和低负荷时应用。混合动力子模式中,发动机和电动机同时工作,蓄电池提供整车功率需求的主要部分,蓄电池的荷电状态也在降低,发动机用来补充电池输出功率不足的部分,直至蓄电池的荷电状态达到最小允许值。该模式适合在高速,尤其是全面达到动力性能指标时采用。

(二)丰田普锐斯混合动力电动汽车驱动系统组成

丰田普锐斯混合动力电动汽车驱动系统由阿特金森发动机、高电压 HV 蓄电池、高压蓄电池计算机、整车控制计算机(HV-ECU)、变频器(逆变器)、变速驱动桥(包括电动机/发电机 MG1 和 MG2、行星排)等组成,如图 3-36 所示。

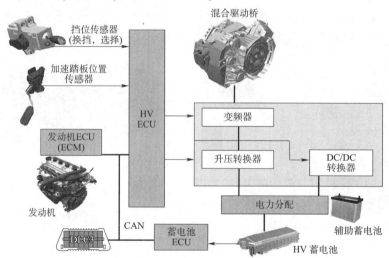

图 3-36 丰田普锐斯混合动力电动汽车驱动系统的组成

1. 阿特金森发动机(Atkinson 循环发动机)

阿特金森发动机的特点是压缩比高、膨胀行程长,其排气行程 > 做功行程 > 进气行程 > 压缩行程,其活塞的做功行程要比进气行程大,这样进气量可以相对减少,通过进气门关闭延迟,使得部分混合气体被推回到进气歧管中,这样每次进入燃烧室的理论空燃比的混合气体量便相对减少了,做功行程又相对增加了做功量,所以燃油经济性得到了提高。阿特金森发动机如图 3-37 所示。

阿特金森发动机采用 VVT-i"智能可变配气正时系统",可根据行驶状况细微地调节进气阀的工作时间,通过 VVT-i 是改变汽缸容积。可变气门正时系统主要的原理是在凸轮轴上加装一套液力机构,通过 ECU 的控制,在一定角度范围内对气门的开启、关闭的时间进行调节,或提前,或延迟,或保持不变。凸轮轴的正时齿轮的外转子与正时链条(皮带)相连,内转子与凸轮轴相连。外转子可以通过液压油间接带动内转子,从而实现一定范围内的角度提前或延迟。可变配气正时系统如图 3-38 所示。

2. 发动机 ECU

发动机 ECU 接收整车控制器信号,并采集相应的传感器信号,控制发动机点火、喷油、配气正时、排放等系统运行。发动机 ECU 控制原理图如图 3-39 所示。

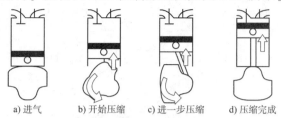

图 3-37 阿特金森发动机进气压缩行程

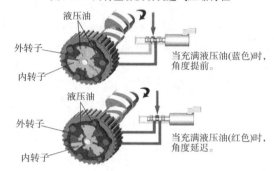

图 3-38 可变配气正时系统

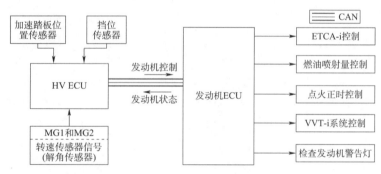

图 3-39 发动机 ECU 控制原理图

3. 高电压 HV 蓄电池

高电压 HV 蓄电池以 6 个串联的 1.2V 蓄电池为一个模块,28 个模块串联为 201.6V 的高压蓄电池,质量在 30kg 左右,位于后座后的行李舱中。蓄电池的电极由多孔镍氢氧化物合金组成,电解质是水溶性氢氧化钾和氢氧化锂的混合物。

HV 蓄电池上设有检修塞、3 个主继电器:正极、负极和预充继电器(1、2、3 号继电器)、预充电阻,如图 3-40 所示;检修塞用于切断高压电源,维修高压电路时,应先关闭点火开关,戴上绝缘手套,拔下检修塞等待 5min 后,使变频器电容器放电完毕,再进行电路维修。正、负极及预充继电器的作用是根据整车控制指令连接或断开高压电路的高压电流。

4. 变频器

变频器具有变频、升压、变流、充电功能,可将蓄电池高压直流电,变为三相 500V 交流电,以不同的控制电流,驱动"电动机/发电机"MG1、MG2 以不同的转速和转矩使车轮运转。并能将 500V 交流电变为 201.6V 直流电,给蓄电池充电。其外壳中有水套,利用冷却液散热以保持正常温度。变频器总成与变频电路如图 3-41 所示。

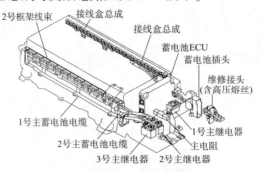

图 3-40 高压 HV 蓄电池组内部附件

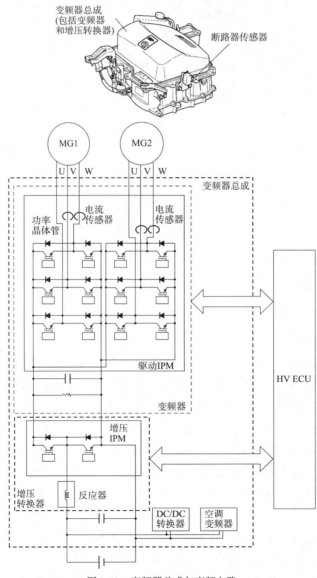

图 3-41 变频器总成与变频电路

5. 整车控制计算机(HV-ECU)

整车控制器是控制混合动力汽车动力的核心控制单元,可完成车辆起动、发动机与电动机动力分配、能量回馈控制、DC/DC变换、空调控制等功能,在驱动控制时,HV-ECU接收驾驶人输入指令,并结合汽车行驶工况等各项参数向发动机ECU和驱动电机变频器发出动力输出指令控制汽车运行。HV-ECU控制电路如图3-42所示。

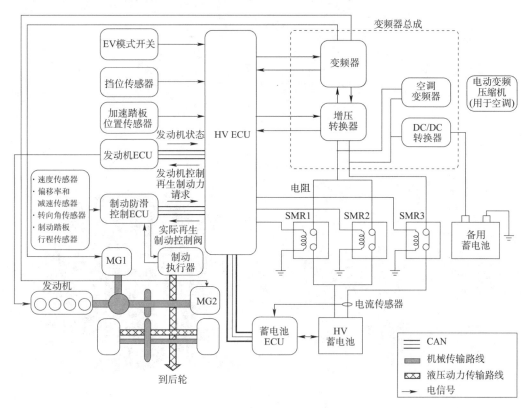

图 3-42　HV-ECU 控制电路

6. 高压蓄电池计算机

高压蓄电池计算机是汽车能量的控制中心,其主要功能如下:

(1)检测蓄电池的运行状态,即检测温度、电压和电流以防止发生漏电等故障,确保蓄电池的使用安全,如图3-43所示。

(2)根据蓄电池的温度传感器等信号控制冷却风扇的工作,确保蓄电池的温度处于合适范围。

(3)控制蓄电池的充放电过程,使蓄电池 SOC 始终处在 60% 左右。

7. 变速驱动桥

变速驱动桥包括2个交流500V的电动机MG1/MG2、行星齿轮及主减速齿轮等。驱动桥使用连续变速传动装置,从而达到操作的平滑性和静谧性。行星齿轮组可将发动机输出功率分为两部分传输:一部分驱动汽车;另一部分驱动电机MG1用来发电。作为行星齿轮的一部分,太阳齿轮连接到电机MG1上,环齿轮连接到电机MG2上,行星齿轮架连接到发动机输出轴上,动力通过中间轴主动齿轮、减速器主、从动齿轮传送到车轮。变速驱动桥结构如图 3-44 所示。

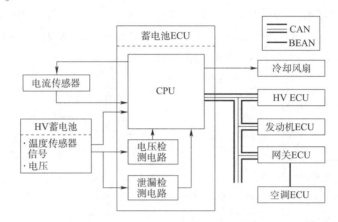

图 3-43　高压蓄电池电脑控制系统

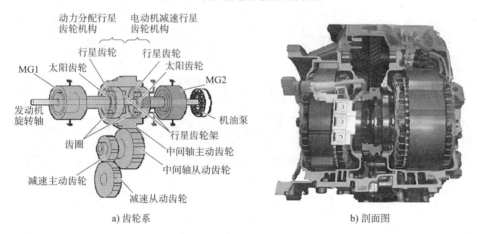

a) 齿轮系　　　　　　　　　　b) 剖面图

图 3-44　变速驱动桥结构

8. 丰田普锐斯混合动力电动汽车工作模式

(1) 车辆起步时。

当汽车车辆起步时,油电混合动力系统利用电动机低速大转矩的特性起动车辆。电动机 MG2 能量由 HV 蓄电池提供,此时发动机不运转,因为发动机不能在低转速带输出大转矩,而电动机可以灵敏、顺畅、高效地进行启动。

混合动力系统

(2) 低速及中速行驶时。

低速及中速行驶时,由高效利用能量的电动机驱动行驶。对于发动机而言,在低速及中速带的效率并不理想,但电动机在低速及中速带性能优越。因此,在低速及中速行驶时,油电混合动力系统使用 HV 蓄电池的电力,通过电动机驱动车辆行驶。HV 蓄电池电量少时,利用发电机发电,为电动机提供动力,车辆起步和低速及中速行驶时动力传递如图 3-45 所示。

(3) 一般行驶时。

在车辆进入巡航状态时,为实现低油耗的驾驶,油电混合动力系统使用发动机作为主要动力源,使发动机在能产生最高效功率的速度带驱动车辆行驶。由发动机产生的动力直接驱动车轮,依照驾驶状况,部分动力被分配给发电机。由发电机产生的动力用来驱动电动机和辅助发动机。利用发动机和电动机这一双重传动系统,发动机产生的动力以最小消耗被传向地面。HV 蓄电池电量少时,发动机输出功率会被提高以加大发电量,来给 HV 蓄电池充电,如图 3-46 所示。

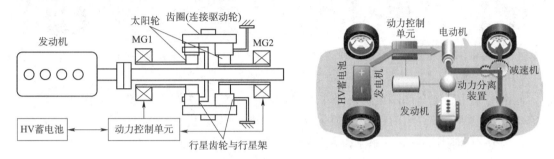

图 3-45　车辆起步和低速及中速行驶时工作原理

(4)一般行驶时/剩余能量充电。

当发动机发出的驱动能量大于行驶阻力时,动力控制系统将剩余能量用于 HV 蓄电池充电。因为油电混合动力系统在高速运转时是采用发动机来驱动,而发动机有时会产生多余的能量。这时多余的能量由发电机转换成电力,储存在 HV 蓄电池中。一般行驶时/剩余能量充电工作原理如图 3-47 所示。

图 3-46　一般行驶时工作原理　　　　图 3-47　一般行驶时/剩余能量充电工作原理

(5)全速开进(行驶)时。

在需要强劲加速力(如爬陡坡及超车)时,整车控制器控制油电双动力系统同时工作来获得更高一级的加速度,此时 HV 蓄电池提供电力,加大电动机的驱动力。通过发动机和电动机双动力的结合使用,油电混合动力系统得以实现与高一级发动机同等水平的强劲而流畅的加速性能,如图 3-48 所示。

(6)减速/能量再生时。

将减速时的能量回收到 HV 蓄电池中用于再利用。在踩制动踏板和松加速踏板时,油电混合动力系统使车轮的旋转力带动电动机运转,将其作为发电机使用。这样,减速时通常作为摩擦热散失掉的能量在此被转换成电能,回收到 HV 蓄电池中进行再利用。减速/能量再生时工作原理如图 3-49 所示。

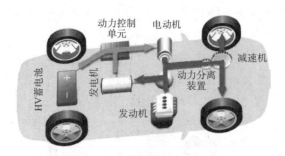
图 3-48 全速开进(行驶)时工作原理

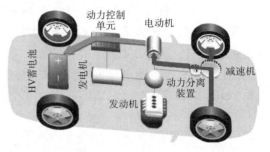
图 3-49 减速/能量再生时工作原理

(7)停车时。

停车时动力系统全部停止。在停车时,发动机、电动机、发电机全部自动停止运转。不会因怠速而浪费能量。当 HV 蓄电池的充电量较低时,发动机将继续运转,以给 HV 蓄电池充电。另外,有时因空调制冷系统投入工作,发动机仍会保持运转。

(三)混合动力电动汽车驱动系统故障诊断与处理

混合动力电动汽车驱动系统出现故障会使汽车不能行驶或不能进入纯电动模式,常见的故障部件主要是系统内的,有传感器、电机控制器、驱动电机、低压线路、高压线路等。当车辆出现故障时,首先要问询客户有关车辆出现的问题,然后将智能测试仪连接到数据链路插接口,如图 3-50 所示。若测试仪器显示通信故障,则检查数据链路插接口。在确定故障前应进行一次故障诊断码清除,若故障未出现则进行症状模拟;若故障又出现,检查故障码并查表,检查时记录故障诊断码与定格数据,再进行电路检查、识别故障、调整或进行修理。注意:检查高压部件前,要戴好绝缘手套,严格遵守安全操作规范。

1. 电机角度传感器异常诊断与处理

在变速驱动桥上安装有两个电机角度传感器,即:电机旋转变压器(结构与原理同纯电动汽车相同,本项目任务 1 已介绍),分别用于检测 MG1、MG2 电机的转速和电机转子角度,其输出端位置如图 3-51 所示。

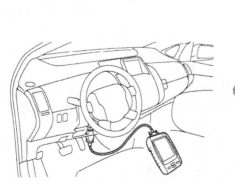
图 3-50 测试仪与车辆(DLC3)的连接

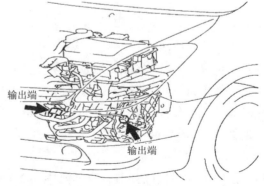
图 3-51 电机角度传感器端子位置

(1)故障症状:仪表显示驱动系统故障,车辆不能正常驱动(MG2 角度故障);或发动机不能被正常起动(MG1 角度故障)。

(2)诊断关键步骤及参数。

①使用诊断仪读取相关故障码。

②使用诊断仪读取对应故障码所指电机的数据流,数据流应显示出电机的转动角度。

③断开 HV ECU 连接器和角度传感器连接器,检查线束与连接器导通情况,电阻值应小于1Ω。

④检查电机角度传感器本身电阻。

a. 测量电机角度传感器励磁、正弦和余弦 3 组线圈阻值(励磁线圈阻值为 7.65 ~ 10.2Ω,正弦和余弦线圈阻值为 12.5 ~ 16.8Ω),各线圈阻值应在标准范围内。

b. 用兆欧表检查电机角度传感器 6 个端子间的绝缘电阻,应该相互绝缘,阻值应大于10MΩ 或更大。

⑤连接解码仪,将原来的汽车故障码消除,再次读取故障码,仪器显示应正常,则故障排除。

2. 电机温度传感器异常的故障诊断与处理

变频器模块通过电机内的温度传感器和供给的电流计算电机的温度,当温度异常时,系统将降低电机的输出功率,让电机尽快冷却。电机温度的传感器是一个负温度热敏电阻,其阻值根据电机温度的变化而变化。电机温度越低,热敏电阻的阻值越大;相反,电机温度越高,热敏电阻的阻值越小。电机温度传感器与 HV-ECU 连接。由 HV-ECU 的端子提供的 5V 信号基准电压经过电阻 R 到达电机温度传感器。温度传感器输出端位置与连接器如图 3-52 所示。

(1)故障症状:仪表提示驱动电机温度过高,系统功率降低。

(2)诊断关键步骤及参数。

采用专用诊断仪读取专用诊断仪上显示的 MG1 发电机温度值(提示:如果电路开路,则专用诊断仪显示的数据是 -50℃或 -58℃;如果信号电路对 GND 短路,则专用诊断仪显示的数据是 204℃)。

若显示的温度不在正常范围(-49 ~ 204℃)内,则需要检查温度传感器与模块之间的连接线路以及温度

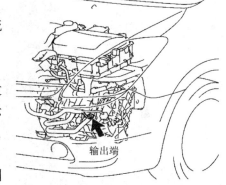

图 3-52 电机温度传感器输出端位置

传感器本身技术状态,电机温度传感器电路图如图 3-53 所示。详细检查方法与步骤,请参考热敏电阻类传感器的诊断方法。

3. 变频器性能的故障图

(1)故障症状。

变频器出现故障,仪表会显示驱动系统失效,可使用诊断仪进行检查。丰田普锐斯变频器与 HV ECU 之间的监测信号传递电路(部分)如图 3-54 所示,图中变频器控制的 2 个电机为 MG1 和 MG2。MG1:1 号电动机和发电机,有电动和发电两种功能,但主要用于发电,所以变频器和 HV 控制 ECU 端子用 G 表示;MC2:2 号电动机和发电机,主要作为电动机,所以控制端子用 M 表示。其中 GUU、GVU、GWU 用于驱动 MG1,MUU、MWU 和 MVU 用于驱动

MG2。HV 控制 ECU 通过 PWM 信号控制 MG1 和 MG2 电机运行。

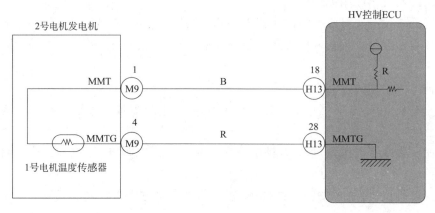

图 3-53 电机温度传感器电路图

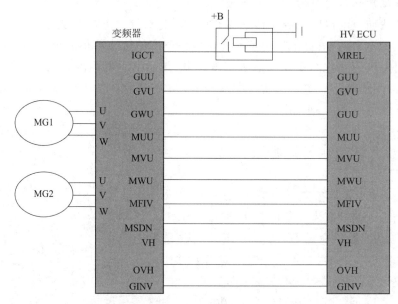

图 3-54 丰田普锐斯变频器与 HV 控制 ECU 之间的监测信号传递电路

(2) 检修过程。

检修前准备好电机变频器(MCU)的电路图,然后与实车状况对照,首先通过故障诊断仪读取变频器故障码。查看有无与变频器本身有关的故障信息,若诊断仪无法与变频器进行通信,则检测变频器的电源保险及供电线路。若供电正常,且可以通信,则根据故障码信息找到故障点并进行检测。若没有给出明确的故障原因指向,则需要对汽车进一步进行检查。

① 电机变频器内部短路。

变频器内部出现故障,要参考故障码,如 MG2 变频器内部电压(VH)传感器异常,或外部相关线路开路、短路,则会生成故障码(表 3-4)。其检测原理与检修方法如下:

DTC 码与 INF 码及检测条件　　　　　　　　　　　　　　表 3-4

DTC 码	INF 码	检测条件
P0A78	266	逆变器电压(VH)传感器线路开路或者地(GND)短路
	267	逆变器电压(VH)传感器线路 +B 短路
	523	逆变器电压(VH)传感器偏移故障
	586	逆变器电压(VH)传感器线路性能问题

a. 逆变器电压(VH)传感器:HV-ECU 使用安装在变频器内部的电压传感器来检查增压控制后的高压,其电路图如图 3-55 所示。变频器电压传感器根据高压的变化输出的值在 0~5V 之间变化。高压越高,输出电压越高;高压越低,输出电压越低。实际输出电压范围在 1.6~3.8V。如果 HV-ECU 检测到电压(VH)传感器信号及电路开路或短路故障,则 HV-ECU 点亮 MIL 并设定 DTC。

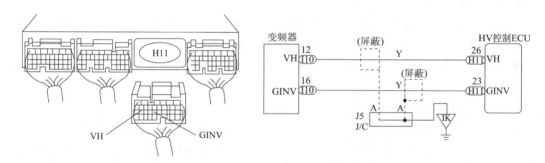

图 3-55　变频器内部的电压传感器与 HV 控制 ECU 之间的信号传递电路

b. 故障检测方法:读取数据流时,当变频器电压(VH)传感器电路开路或对 GND 短路时,智能测试仪显示为 0V,若变频器电压(VH)传感器电路对 +B 短路,则智能测试仪显示电压为 765V,此时可检修变频器总成和 HV-ECU 线束或连接器,必要时更换变频器总成验证。若出现变频器电压(VH)传感器偏移故障,还需检修发动机舱继电器盒内的主继电器是否正常。

②电机变频器内部电路故障,电压过高。

如:MG2 电机变频器检测到电路故障或过压,则变频器通过电机变频器过压信号线路(OVH)将此信息传输至 HV-ECU 的 OVH 端子,如图 3-56 所示。过压原因有:变频器总成故障导致过压;HV-ECU 故障导致过压;HV 变速驱动桥总成故障导致过压。电机变频器内部电路故障码及其信息含义见表 3-5。

图 3-56　变频器过压信号线与 HV 控制 ECU 之间的信号传递电路

电机变频器故障代码 INF 码及检测条件　　　表 3-5

DTC 码	INF 码	检测条件
P0A78	278	电机变频器电压过高信号电路(OVH)对 +B 短路
	280	电机变频器电压过高信号电路(OVH)开路或对地短路
	279	电机变频器电压过高信号检测(OVH)(变频器总成电压过高故障)
	503	电机变频器电压过高信号检测(OVH)(HV-ECU 故障导致电压过高)
	504	电机变频器电压过高信号检测(OVH)(HV 驱动桥故障导致电压过高)
	282	电机变频器电压过高信号检测(OVH)(电路故障)

如果 HV-ECU 检测到 OVH(Over High,电压过高)信号电路开路或短路故障,则 HV-ECU 点亮 MIL 并设定 DTC。此情况应检修变频器与 HV-ECU 连接线束或连接器,必要时更换变频器总成验证。

4. 驱动电机检测

驱动电机运转不正常的原因较多,可能出现的故障有电机本体故障、电机控制器故障、驱动电机系统供电电源故障或驱动电机系统 CAN 通信故障等。电机本体故障主要是由于定子铁芯或绕组出现问题、转子不平衡、轴承等引起的电机故障。驱动电动机电气故障的诊断流程如下:

(1)使用专用诊断仪读取 DTC。

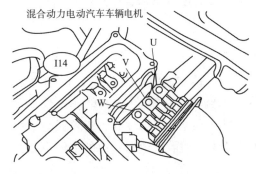

图 3-57　混合动力电动汽车驱动电机线圈端子图

(2)检查驱动电机定子线圈电阻。

①用万用表测量三相电缆端子电阻(即驱动电机三相定子线圈电阻),即 U-V、U-W、W-U 端子电阻,20℃阻值约 135mΩ 且三次测量的相间阻值应小于 2mΩ。混合动力电动汽车驱动电机线圈端子图如图 3-57 所示。

②用万用表测量驱动电机三相交流电电缆端子与车身接地之间的绝缘电阻,均应该大于 10MΩ。

二、任务实施

(一) 工作准备

(1)防护装备:常规实训着装、绝缘鞋、绝缘手套。
(2)车辆、台架、总成:丰田混合动力电动汽车或其他同类新能源车辆。
(3)专用工具、设备:万用表、汽车专用诊断仪,汽车举升机或其他适用的设备。
(4)手工工具:组合工具。
(5)辅助材料:无。

(二)实施步骤

通过前轮转动情况检查混合动力汽车驱动系统变速驱动桥性能;前轮、变速驱动桥与发动机系统连接结构如图 3-58 所示。

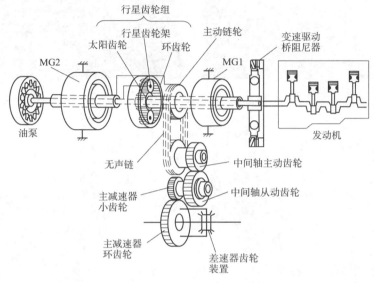

图 3-58　THS Ⅱ变速驱动桥与发动机系统结构图

在执行车辆高压系统诊断及维护前,务必佩戴完好的个人防护设备,并严格遵守正确的操作步骤:

(1)打开电源开关"IG"挡,连接汽车专用故障诊断仪。

(2)踩下制动踏板,把变速器操纵杆移动至"N"位,举升车辆离地,如图 3-59 所示。

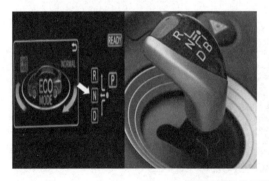

图 3-59　将变速器操纵杆移动至"N"位,举升车辆离地

(3)手动转动曲轴带轮,检查前轮是否旋转,如图 3-60 所示。

(4)打开电源开关至"READY"挡,踩下制动踏板,把变速器操纵杆移动到"D"位(图 3-61),然后松开制动踏板,检查前轮是否旋转。

提示:如果车轮不能转动,并且诊断仪上显示 HV 变速驱动桥输入故障,则应更换变速驱动桥总成,如图 3-62 所示。

图 3-60　检查前轮是否旋转

图 3-61　将变速器操纵杆移动到"D"位

图 3-62　混合动力变速驱动桥总成

思政教育

工匠精神是一种职业精神,它是职业道德、职业能力、职业品质的体现,是从业者的一种职业价值取向和行为表现。"工匠精神"的基本内涵包括敬业、精益、专注、创新等方面的内容。

工匠精神代表人物事迹之三——电焊工高级技师潘衡

潘衡,中盐安徽红四方股份有限公司维保总公司电焊工高级技师。他多次代表公司参加省石化系统及合肥市举办的焊接技术大赛并取得骄人的成绩,并先后荣获"全国技术能手""安徽省五一劳动奖章""安徽省十大能工巧匠""江淮工匠标兵""安徽省职工技术状元""合肥市职工技术能手""庐州工匠标兵"等称号。

29 年来,凭着对焊接技术的热爱和高度敬业精神,潘衡不畏寒暑、潜心钻研,从一名普通的学徒工逐步成长为一名技术过硬的焊工、高级技师,匠心凝聚。他用心解决实际工作中的技术难题,带领团队对公司关键设备压力容器、管道等进行及时返修、焊补,让这些价值不菲的设备发挥最大的作用,累计维修设备近亿元,节约费用达千万元。

在公司工会的支持下,他领头成立了"潘衡劳模创新工作室"。在立足传统优良技术手段传承的同时,他不断研究新材料、新技术和新产品创新发明,让焊接维修工作更安全、更高效、更环保。这一年,他先后攻克了镍材、钛材等特种材料的焊接难题,并与工作室的同事们一起参与了一种新型量子泵的制作、安装,完成了一种户外钛板焊接氩气保护罩的制作,且成功申请了专利。"潘衡劳模创新工作室"在公司打造三个高地(人才高地、创新高地、创效高地)战略目标的引领下,积极探索,带人育人,创造新的操作技术方法,培养出了一支技术过硬的团队。

多年来,潘衡及潘衡劳模工作室开展技师培训、案例讲座、现场带教等超600人次,培养出技师8名,高级工15人,多功能工人100多名。2018年,"潘衡劳模创新工作室"继续砥砺前行,开展了《降低逆变直流焊机的损坏率》QC课题,通过长达半年的努力,最终将公司逆变直流焊机从季度最高损坏率41.2%降到了11.8%,不仅提高了工作效率,更是大幅减少了维护费用。2019年,潘衡带领工作室成员潜心研究,仅1—6月就提交三项实用新型专利——"卧式换热器管束安装方法""卧式U形管换热器管束拆除方法""钢管水压试验器"。

潘衡以开拓进取、精益求精的创新精神深深扎根在工作一线,为企业发展奉献青春与汗水,用实际行动践行了新时代中国工匠精神。

习题

一、填空题

1. 比亚迪纯电动汽车驱动电机系统组成主要由_____、_____、_____、_____、_____传感器、_____传感器和挡位控制器等组成。
2. 驱动电机冷却系统由_____使冷却液循环,由散热器流出的低温冷却液通过_____、_____、_____等升热元件,吸收热量后流回散热器进行散热。
3. 混合动力汽车按输出功率中所占比重可分_____、_____、_____。
4. 根据混合动力驱动的联结方式,可分为_____、_____、_____。

二、判断题

1. 旋转变压器是一种输出电压随转子转角变化的信号元件。( )
2. 当前电动汽车驱动电机的类型为直流有刷永磁电机,通过采集电机旋变信号进行工作。( )
3. 丰田混合动力电动汽车采用的阿特金森发动机采用VVT-i"智能可变配气正时系统",可根据行驶状况细微地调节进气阀的开闭时间。( )
4. 丰田普锐斯混合动力电动汽车发动机ECU具有变频、升压、变流、充电功能。( )

三、选择题

1. 比亚迪系列纯电动汽车驱动电机通常采用( )电动机。
   A. 直流电动机　　　　　　　　　B. 交流异步电动机
   C. 交流永磁电动机　　　　　　　D. 磁阻电动机
2. 纯电动汽车电机控制器控制驱动电机运行的主控信号是加速踏板信号和( )传感器信号。

A. 冷却液温度 B. 车速
C. 旋转变压器 D. 油温

3. 增程式电动汽车是混合动力电动汽车的一种,其动力系统是( )结构。
   A. 串联式 B. 并联式
   C. 混联式 D. 复合式

4. 开混联式混合动力电动汽车比并联式混合动力汽车具有( )动力输出的优点。
   A. 串联式 B. 并联式
   C. 转矩耦合 D. 更强

项目四
电动空调系统认识与检修

知识目标

(1) 了解电动空调与传统汽车空调的区别。
(2) 掌握新能源汽车空调高压系统的组成。
(3) 熟悉新能源汽车空调系统的控制原理。

技能目标

(1) 能够掌握新能源汽车空调系统的使用方法。
(2) 能够掌握新能源汽车空调高压部件的检测方法。
(3) 能够掌握新能源汽车空调高压部件的拆装方法。

素质目标

(1) 培养遵守安全作业要求、注重个人安全防护的能力。
(2) 培养严格执行检修规范、养成严谨科学的工作态度的能力。
(3) 培养能正确检查工作结果并进行自我评估的能力。

▶学时：12

 任务1　电动空调系统的认识

任务描述

小王在新能源汽车某 4S 店做销售工作，某客户想购买一款纯电动汽车，对纯电动汽车的空调系统比较关注，小王向客户详细地介绍该款纯电动汽车空调系统的结构组成、控制原理和使用方法。

一、知识准备

(一) 常规冷暖高压电动空调认知与控制原理

汽车空调的主要功能是调节车内的温度、湿度、气流速度、空气洁净度等,从而为乘员创造清新舒适的车内环境。新能源汽车电动空调系统主要由通风、空气净化、制冷、制热、控制等系统组成。

1. 汽车空调通风与净化系统

(1) 空调通风。

空调通风是将新鲜空气送进车内取代污浊空气的过程,汽车空调的通风方式一般有动压通风、强制通风和综合通风三种。

①动压通风:是利用车辆运动产生的气压将外部空气送入车内。车辆移动时,车辆外面的气压分布如图 4-1 所示,在一些地方产生正压,一些地方产生负压,使空气入口位于正压处,排风口位于负压处。

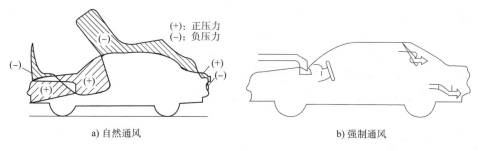

图 4-1 动压通风

②强制通风:是利用鼓风机强制将车外空气送入车厢内进行通风换气,进气口和排气口一般与自然通风的风口在相同位置。在冷暖一体化的汽车空调上,大多采用通风、供暖和制冷的联合装置,将外气与空调冷暖空气混合后送入车内,如图 4-2 所示。

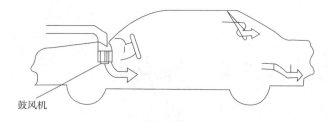

图 4-2 强制通风

③综合通风:是指一辆汽车上同时采用动压通风和强制通风。综合通风系统结构复杂,但省电,经济性好,运行成本低。特别是在春秋季节,用动压通风导入凉爽的外气,以取代制冷系统工作,同样可以保证舒适性要求。

(2) 空气净化。

空气净化是将车厢内存在的由人呼吸排出的二氧化碳、蒸发的汗液、吸烟以及从车外进入的灰尘、花粉等污染物进行过滤。空气净化装置通常有空气过滤式和静电集尘式两种。

① 空气过滤式净化装置。

空气过滤式净化装置是在空调系统的进风口处设置空气过滤器,滤除空气中的灰尘和杂物,其结构简单,广泛用于各种汽车空调系统中,如图4-3所示。

② 静电集尘式空气净化装置。

静电集尘式空气净化装置是在空气进口的过滤器后再设置一套静电集尘装置或单独安装一套用于净化车内空气的静电除尘装置。过滤器用于过滤大颗粒的杂质,静电集尘器则以静电集尘方式吸附微小的颗粒和尘埃,如图4-4所示。

图4-3 空气过滤式净化装置　　图4-4 静电集尘式空气净化装置

此外,空气净化装置还包括除臭装置、负离子发生器等,除臭装置一般采用活性炭过滤器、纤维式或滤纸式空气过滤器来吸附烟尘和臭气等有害气体;负离子发生器供给负氧离子,但其结构复杂,成本高,只用于高级轿车和旅行车上。

室内空气净化器利用送风电机吸入车内的空气,通过过滤器净化空气并吸收气味。另外,某些车型安装有烟雾传感器,它能检测香烟烟雾并自动地使送风机电机以"高速"运行。

2. 汽车空调制冷系统

新能源汽车空调制冷系统一般主要由电动压缩机、冷凝器、蒸发器、膨胀阀、储液干燥器、管路、冷凝风扇等组成。图4-5所示为比亚迪E6纯电动汽车空调制冷系统组成。

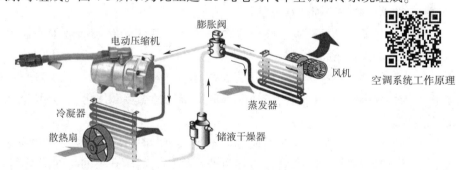

图4-5 比亚迪E6纯电动汽车空调制冷系统组成

(1) 组成。

① 压缩机。压缩机的作用是将低温低压气态制冷剂压缩成高压高温的气态制冷剂,并推动制冷剂在系统中循环流动。

② 冷凝器。冷凝器的作用是把电动压缩机排出的高温高压气态制冷剂的热量传给大气,使制冷剂冷凝成液体;冷凝器中制冷剂的液化,需要释放大量的热量,所以车载空调冷凝

器大多布置在车头散热器前面,由冷却系统风扇或冷凝器风扇或两者共同进行冷却。

冷凝器是一种由铜、铝管子与铝散热片组合起来的热交换设备,管子做成各种盘管状,散热片的作用是增大冷凝器的散热面积,而且可支承盘管。

③储液干燥器。储液干燥器具有如下作用:

储存制冷剂:接收从冷凝器来的液体并加以储存,根据蒸发器的需要提供所需的制冷剂量。

过滤:将系统中出现的杂质和其他脏物,如锈蚀、污垢、金属微粒等过滤掉,这些杂质不仅会损伤压缩机轴承,而且还会堵塞过滤网和膨胀阀。

吸收系统中的湿气:汽车空调系统中要求湿气越少越好,因为湿气会造成"冰塞"并腐蚀系统管道等,使制冷系统不能正常工作。

④膨胀阀。膨胀阀的作用一是节流降压,使从冷凝器过来的高温高压液体制冷剂节流降压成为容易蒸发的低温低压雾状制冷剂进入蒸发器,即分开了制冷剂的高压侧和低压侧。二是自动调节制冷剂流量,即根据制冷负荷的改变和压缩机转速的变化,自动调节制冷剂进入蒸发器的流量,以满足制冷循环的需要。

⑤蒸发器。蒸发器的作用与冷凝器相反,它是将经过节流降压后的液态制冷剂在蒸发器内沸腾汽化,吸收蒸发器表面周围空气的热量而使之降温,由风机将冷风吹到车厢内,达到降温的目的。

⑥制冷剂和冷冻油。制冷剂俗称冷媒,当前汽车空调使用的制冷剂为 R134a,其特性为无色、无臭、不燃烧、不爆炸、基本无毒,但遇明火时,会分解出对人体有害的光气。冷冻油即冷冻润滑油,作用是润滑、密封、冷却和降低压缩机噪声等;在制冷系统中,冷冻油用于保证压缩机正常工作,不易磨损,冷冻油随制冷剂循环流动并可以与制冷剂以任意比例互溶。

⑦压力开关。压力开关是空调系统的重要元件,分为高压开关和低压开关两种,安装在空调管路上。压力开关的作用是保证系统在压力异常的情况下启动相应的保护电路,或者切断压缩机电路,防止损坏系统部件。

a.高压开关。高压开关一般安装在制冷系统高压管路或储液干燥器上,用来防止制冷系统在异常的高压下工作,保护冷凝器和高压管路不会爆裂,压缩机的排气阀不会折断,以及压缩机其他零件不损坏。高压开关通常具有两种保护功能:一是接通冷凝器风扇高速挡电路,自动提高风扇转速,以便较快地降低冷凝器的温度和压力;二是切断压缩机电路,使压缩机停止运行。

b.低压开关。当制冷系统的制冷剂不足或泄漏时,冷冻油也可能随着泄漏,系统的润滑便会不足,如果压缩机继续运行,将导致严重损坏。低压开关的功能就是感测制冷系统高压侧的制冷剂压力是否正常。它通常用螺纹接头直接安装在系统管路高压侧。当制冷剂压力正常时压缩机正常工作;当压缩机排出的制冷剂压力过低时,低压开关闭合向空调控制器发送信号,使压缩机停止运行,以保护压缩机不会损坏。

目前,空调系统中的压力开关通常都是把高、低压开关组合成一体,同时具有低压开关和高压开关的功能,安装在储液干燥器上,这样既可减少重量和接口,又可降低制冷剂泄漏的可能性。

有些新能源汽车空调系统采用三位开关：即低压、中压、高压，压力低于0.18MPa，低压开关断开；压力高于3.14MPa，高压开关断开，压缩机停止工作；压力高于1.5MPa中压开关闭合，冷凝风扇高速旋转。

（2）汽车空调制冷系统的工作原理与参数。

①空调制冷系统工作过程。

空调制冷主要有四个过程，其工作原理如图4-6所示。

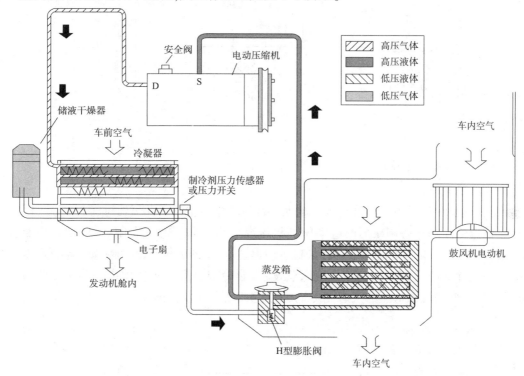

图4-6 空调制冷系统的工作原理

压缩过程：压缩机吸入蒸发器出口处低温低压的制冷剂气体，把它压缩成高温高压气体并排出压缩机。

冷凝过程：高温高压的过热制冷剂气体进入冷凝器，由于压力及温度的降低，制冷剂气体冷凝成液体，并放出大量的热。

节流过程：温度和压力较高的制冷剂液体通过膨胀装置后体积变大，压力和温度急剧下降，以雾状（细小液滴）排出膨胀装置。

蒸发过程：雾状制冷剂进入蒸发器，因此时制冷剂的沸点远低于蒸发器内的温度，故制冷剂液体蒸发成气体。在蒸发过程中大量吸收周围的热量，而后低温低压的制冷剂蒸气又进入压缩机。

②制冷系统工作参数。

新能源汽车制冷系统的主要工作参数如下：低压一般为0.25～0.3MPa、高压一般为1.3～1.5MPa。平衡压力一般为0.6MPa左右，因受环境温度及加注量同时影响，不可作为主要依据，仅为参考数值，如图4-7所示。

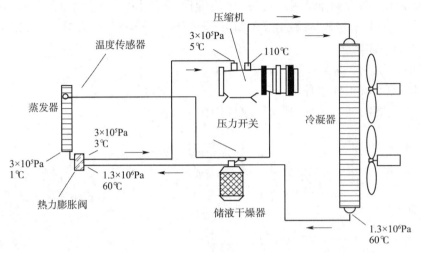

图 4-7 空调制冷系统的工作原理

(3)新能源汽车空调制冷分配。

①乘员舱制冷。

乘员舱制冷时,车内空间制冷电子膨胀阀打开,蓄电池冷却电子膨胀阀关闭,如图 4-8 所示。低温低压的气态制冷剂由电动压缩机压缩成高温高压的气态制冷剂,通过冷凝器放热冷凝为高温高压的液态制冷剂,液态制冷剂通过车厢制冷电子膨胀阀节流降压后变为低温低压的制冷剂蒸汽(气液混合态)喷入蒸发器,制冷剂蒸汽在蒸发器进一步蒸发吸收车厢内空气热量,变为低温低压的气态制冷剂,通过积累器回到压缩机。

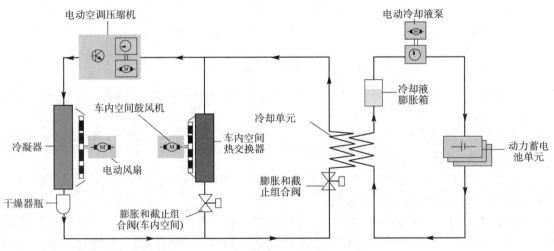

图 4-8 空调制冷系统空调制冷分配原理

②蓄电池冷却。

蓄电池冷却过程中,车内空间制冷电子膨胀阀关闭,蓄电池冷却电子膨胀阀打开。低温低压的气态制冷剂在电动压缩机压缩成高温高压的气态制冷剂,通过冷凝器放热冷凝为高温高压的液态制冷剂、通过蓄电池冷却电子膨胀阀节流降压变为低温低压的制冷剂蒸汽(气液混合态),制冷剂蒸汽进入蓄电池包内的板状换热器从冷却液中吸收热量变为低温低压的气态制冷剂,通过积累器回到压缩机。

③乘员舱制冷+蓄电池冷却。

两个电子膨胀阀都打开。制冷剂通过上述两条路线循环流动。

3. 新能源汽车空调暖风系统

新能源汽车暖风系统由风机调速电阻、电子开关模块、风机、PTC加热器、温度传感器、出风风道、出风口风门等元件构成。空调暖风系统的组成如图4-9所示。

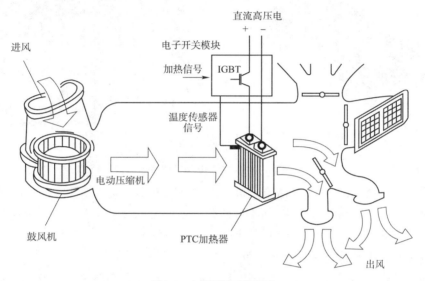

图4-9 空调暖风系统组成

电子开关模块包括场效应管(MOSFET)、光电耦合器等部件。PTC加热器作为加热元件,通过动力蓄电池为其供电,由电子开关模块控制其通电发热,风机实现暖风的输送。暖风热源采用PTC电阻加热器,安全可靠,能自行调整驾驶室内温度。

新能源汽车暖风系统与传统汽车主要区别在于加热方式不同,以下介绍新能源汽车暖风的加热方式。

(1) PTC加热器空气加热方式。

纯电动汽车没有传统汽车的发动机,没有了热源,因此需要靠电加热装置产生的热能来采暖。当前多采用PTC发热条,直接将冷空气加热为热空气,再用风机吹出热气的方式。PTC空气加热方式暖风系统如图4-10所示。

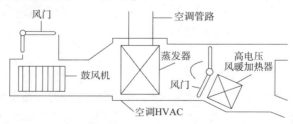

图4-10 PTC空气加热方式暖风系统

为提高制热器的效率，PTC加热器（图4-11）采用PTC热敏陶瓷元件。加热器由若干单片组合后与波纹散热铝条经高温胶黏结而成，具有热阻小、换热效率高的显著优点。它的最大特点在于安全性，即遇风机故障堵转时，PTC加热器因得不到充分散热，功率会自动急剧下降，此时加热器的表面温度维持限定温度（一般为240℃左右），从而不致产生电热管类加热器表面的"发红"现象，排除了发生事故的隐患。

图4-11　高压风暖PTC加热器结构

使用PTC加热器的空调，若对其进行直接供电，其吹出气体的温度最高可达85℃，可完全满足空调制热的要求。如果气体温度高于85℃，则PTC电阻变得极大，实际表现为自动停止工作。作为加热用的陶瓷PTC元件，具有自动恒温的特性，可省去一套复杂的温控线路，而且其工作电压可高达1000V，可直接由蓄电池的高压供电。

（2）以加热丝加热冷却液的方式取暖。

以加热丝热冷却液的方式取暖即高电压水暖加热方式系统是在冷却液循环系统上安装了一个PTC加热装置，采取水为介质，与水箱、水泵、水管及原车暖风芯体形成封闭水循环系统，水加热后送到空调风道的散热器，再经风机吹向车厢内或风窗玻璃，以提高车厢内温度和除去风窗玻璃的霜雾。PTC加热器串联在冷却液循环系统中，其内包括控温器和限温器，控温器设置在插入水中的金属管内，其最高控制温度设定在合适的温度区域内，这样就可保证加热器有较大的蓄热量。PTC冷却液暖风系统与加热装置如图4-12所示。

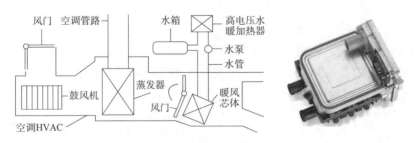

图4-12　PTC冷却液暖风系统与加热装置

4. 新能源汽车空调系统的控制原理

整车上"ON"挡后，VCU接收动力蓄电池管理器信息，当动力蓄电池包SOC值大于10%时，VCU发送高压上电信号，制冷状态时，空调控制器采集空调A/C开关信号、空调压力开关信号、蒸发器温度信号、车速以及室内外温度信号，通过逻辑运算发送CAN网络控制信号。压缩机根据控制信号去调节压缩机转速,VCU 根据控制信号以 PWM 信号方式传输给风扇控制器,风扇控制器再输出 0~12V 之间变化电压来调整风扇的转速。制热状态时,空调控制器采集室内温度传感器信号,通过逻辑运算发送 CAN 控制信号,PTC 总成根据控制信号调整发热功率,如图 4-13 所示。

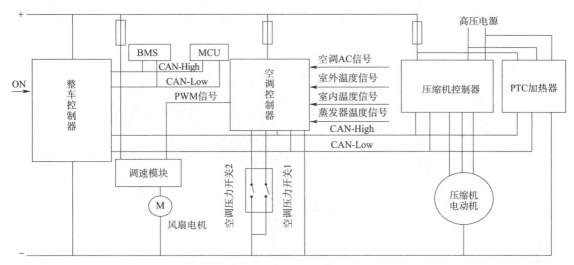

图 4-13 空调系统控制原理图

(1)制冷时的控制逻辑。

①按下"AC"开关,如果 PTC 为开启状态,则关闭 PTC 输出。

②判断 VCU 发送的信号有效,判断空调高低压开关信号在正常范围,温度保护信号为开状态,否则禁止。

③满足制冷条件后,则按车内外温度与设定温度的差值获取压缩机基本转速。随着时间的持续,在基本转速的基础上,根据蒸发器信号状态,以 100r/5s 的速率,增加、减小或保持压缩机转速。

(2)加热时的控制逻辑。

①如果 AC 为开启状态,则关闭 AC 输出。

②判断 VCU 发送的信号有效和再次确认 AC 输出关闭状态,否则禁止。

③满足加热条件后,分别按车内外温度与设定温度的差值、空调出风量以及开关挡位计算输出功率。按照功率大小启动 PTC,并设置 PTC 状态为开。

(二)热泵式电动空调认知与控制原理

热泵的工作原理与空调制冷系统相反,高温高压的制冷剂流过冷凝器时,释放的热能直接排入大气,而热泵系统是高温高压的制冷剂流过热交换器时,制冷剂释放的热能用于加热乘客舱,如图 4-14 所示。热泵的工作原理如下:低沸点液体(比如空调里的氟利昂)经过节流阀减压之后蒸发,从较低温处(比如车外)吸热,然后经压缩机将蒸汽压缩,使温度升高,在经过冷凝器时放出

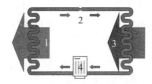

图 4-14 热泵式电动空调控制原理

1-冷凝器(放热);2-节流阀(减压);3-低温处(吸热);4-压缩机(加压)

吸收的热量(车内)而液化后,再回到节流阀处。如此循环工作,不断地把热量从温度较低的地方转移给温度较高(需要热量)的地方。热泵技术可以使用1J的能量,从更冷地方移动大于1J(甚至2J)的能量,因此在耗电量上要大为节省。

电动汽车热泵空调系统组成如图4-15所示。热泵空调系统有制冷、加热、混合三种工作模式,其可使用1kW的电能可以获得2kW的热量,在所有工作模式下,热泵的感知温度范围是-10~40℃。

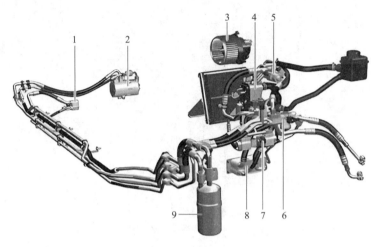

图4-15 电动汽车热泵空调系统组成

1-膨胀阀(EXV);2-电动压缩机;3-鼓风机;4-电加热器;5-蒸发器的电控膨胀阀(EXV);6-冷凝器和储液干燥器之间的制冷剂截止阀;7-EKK和热泵换热器之间的制冷剂截止阀;8-热泵换热器;9-储液干燥器

热泵空调系统工作过程如图4-16所示。空调系统的制冷/制热模式由四通换向阀转换,实线箭头表示制冷模式,虚线箭头表示制热模式。

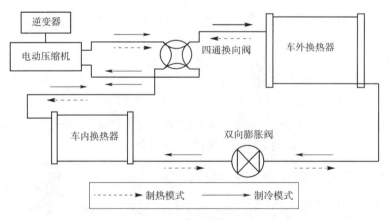

图4-16 热泵空调系统工作过程

1. 制冷模式

热泵在制冷模式时,制冷剂回路选用的设备与空调的标准设备完全相同。四通换向阀切换到制冷工况,制冷剂流向为实线箭头所示,即:电动压缩机→四通换向阀→车外换热器→膨胀阀→车内换热器→四通换向阀→电动压缩机;液态制冷剂经膨胀阀在车内换热器(蒸发器)中蒸发,进而吸收周围热量,进行制冷。

2. 加热模式

热泵在加热模式时,四通换向阀切换到制热工况,制冷剂流向为虚线箭头所示,即:电动压缩机→四通换向阀→车内换热器→膨胀阀→车外换热器→四通换向阀→电动压缩机;压缩机输出的高温气态制冷剂流入车内换热器,通过换热器向车内散发热量,进行制热。

二、任务实施

(一) 工作准备

(1) 防护装备:常规实训着装。
(2) 车辆、台架、总成:比亚迪 E5 纯电动汽车或其他同类新能源车辆。
(3) 专用工具、设备:汽车举升机或其他适用的设备。
(4) 手工工具:组合工具。
(5) 辅助材料:无。

(二) 实施步骤

1. 制冷系统认知

比亚迪 E5 纯电动汽车空调系统使用 R410a 制冷剂,充注量为(600±10)g,冷冻油为 POE 型。空调系统铭牌在机舱前部,如图 4-17 所示。空调制冷系统采用高压电动压缩机、电子膨胀阀,高压管路上有压力传感器和维修接口。为了方便检修,设计了低压引出管路,并在其上设计了低压维修接口。比亚迪 E5 纯电动汽车空调制系统主要部件位置如图 4-18 所示。

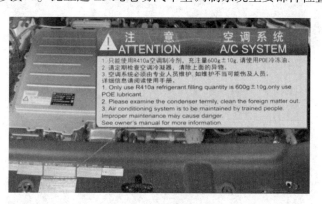

空调系统认识

图 4-17 空调系统铭牌

2. 暖风系统认知

比亚迪 E5 纯电动汽车暖风系统采用 PTC 加热冷却液式,由动力蓄电池给加热器供电加热冷却液。PTC 加热器位置如图 4-19 所示。

暖风水泵位于补偿水壶与 PTC 水加热总成之间,暖风水泵从补偿水壶吸入冷却液加压后排入 PTC 水加热总成,加热后的冷却液进入散热器加热车厢内空气后回到补偿水壶。

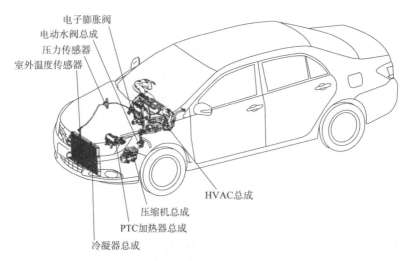

图 4-18 比亚迪 E5 纯电动汽车空调系统部件位置

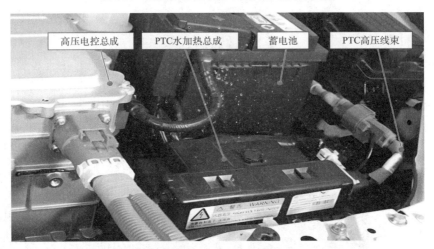

图 4-19 比亚迪 E5 纯电动汽车暖风系统 PTC 加热器位置

3. 比亚迪 E5 纯电动汽车空调系统使用

比亚迪 E5 纯电动汽车空调控制面板如图 4-20 所示,可以通过各个按键或旋钮来调整空调工作模式,并在液晶显示屏上显示。

图 4-20 比亚迪 E5 纯电动汽车空调控制面板

(1) 自动按键。

按下自动按键,指示灯点亮(绿色),空调进入自动模式,多功能显示屏/CD 机上(装有时)显示当前空调自动模式的风量挡位、出风模式及设定温度。在自动模式下,空调系统将根据设定温度来选择最合适的出风挡位、出风模式、PTC 启停和压缩机启停。如果在自动模式下按下任何手动控制按键(风量、模式、前除霜、A/C、通风等按键),空调会退出全自动控制模式,同时"自动"按键指示灯熄灭。

(2) 关闭按键。

按下"关闭"按键,任何空调模式下都可关闭空调。

(3) A/C 开关。

按下"A/C"开关,压缩机开启,多功能显示屏/CD 机上(装有时)显示当前空调工作的风量挡位、出风模式及设定温度。再次按下"A/C"开关,压缩机停止工作,出风挡位出风模式保持不变。

(4) 模式调节按键。

按下此按键,可以选择不同的出风模式,选择的出风模式在多功能显示屏/CD 机上(装有时)显示。

(5) 前除霜按键。

按下此按键,指示灯点亮,此时空气流来到风窗玻璃通风口,前除霜、除雾功能启动,空调也被打开,压缩机处于自动控制状态。压缩机开启后可加快除雾效果。再次按下前除霜按键,送风模式返回到上一次使用的状态。

(6) 后风窗和外后视镜除雾按键。

按下此按键,后风窗和外后视镜除雾器工作,后风窗玻璃和外后视镜镜面内侧的电加热丝将使玻璃和镜面表面迅速清晰。除雾器工作时,指示灯将点亮,除雾器工作 15min 后,该系统自动关闭。

(7) 通风按键。

按下通风按键,此时空调吹出的风为自然风,风量挡位默认为 1 挡风、吹面模式、外循环,且此时空调温度不可调节。多功能显示屏/CD 机上(装有时)显示当前设定温度、出风模式和风量挡位。

(8) 内外循环模式开关。

按下此按键,(指示灯)点亮,进入内循环模式,空调工作时,利用鼓风机将车内空气进行循环流动。外循环时,鼓风机将车外空气吸入车内,并从相应出风口吹出。

(9) 温度调节按键。

有效操作"温度 +""温度 -"按键,可以调节车内设置温度,当前设定温度在多功能显示屏/CD 机上(装有时)显示。

(10) 风量调节按键。

有效操作"风量 +""风量 -"按键,可以设定风量挡位,当前设定风量挡位在多功能显示屏/CD 机上(装有时)显示。

任务 2　电动空调高压系统检修

任务描述

一辆纯电动汽车车主反映,在使用空调时,无论打开空调 AC 开关还是打开暖风开关,室内鼓风机工作后,既没有冷气也没有暖气。请进行检查,判断该车的空调系统是否正常,并解释原因。

一、知识准备

比亚迪空调
系统原理

(一)空调高压系统部件检测

1. 电动空调压缩机

比亚迪 E5 纯电动汽车采用的电动变排量涡旋式压缩机,其主要由涡旋式压缩机、三相永磁同步电动机、电机变频器组成,结构如图 4-21 所示。

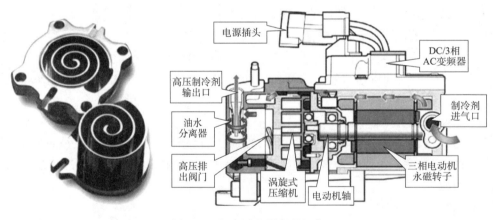

图 4-21　电动空调压缩机的组成

(1)涡旋式压缩机。

涡旋式压缩机主要包括一个定涡盘和一个动涡盘,这两个相互啮合的涡盘,其线形是相同的,它们相互错开 180°安装在一起,即相位角相差 180°。定涡盘是固定在机架上,而动涡盘由电动机直接驱动。动涡盘是不能自转的,只能围绕定涡盘做很小回转半径的公转运动。

涡旋式压缩机的工作原理如图 4-22 所示,吸气口设在固定涡旋轮外侧,由于曲柄的转动,气体由边缘吸入,并被封闭在月牙形容积内,随着接触线沿涡旋面向中心推进,月牙形容积逐渐缩小而压缩气体。高压气体则通过固定涡盘上的轴向中心孔排出。图 4-22a)表示正好吸气完了的位置,图 4-22b)表示涡旋外围为吸气过程,中间为压缩过程,中心处为排气过程。图4-22c)、图4-22d)表示连续而同时进行着吸气和压缩过程。在曲轴的每一转中，都形成一个新的吸气容积，所以上述过程不断重复，按顺序完成。

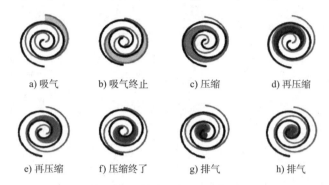

图4-22 涡旋式压缩机的工作原理

（2）空调压缩机电机变频器。

空调压缩机电机变频器使用了6个IGBT将高压直流电转化为三相交流电并进行变频，控制空调压缩机永磁同步电动机运行。

整车电动空调压缩机控制系统如图4-23所示。系统由整车控制器（VCU）、空调控制器、压缩机总成（电控组件+电动机）、CAN总线等组成。工作时，高低压电源和通信信号全部接入电控组件，电控组件根据接收到的空调控制器发送的功率和转速请求信号，输出PWM占空比信号，实现电机功率无级调节。同时，电控组件通过CAN总线，把压缩机的温度、转速、功率和故障信息发送至总线，实现信号采集、故障预警、过温保护、过压/欠压保护、过流保护、短路保护及反接保护等功能。空调压缩机电机驱动变频器内部电路如图4-24所示。

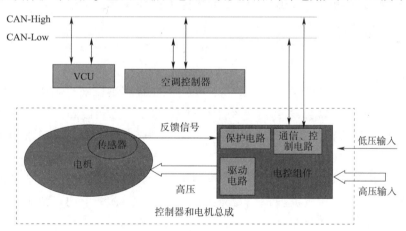

图4-23 整车空调压缩机控制系统组成

空调压缩机驱动电动机变频器内部各个电路的作用如下。

①门驱动电路：门驱动电路接收处理器CPU的信号，对各IGBT管的栅极进行PWM脉冲调制控制，将使IGBT逆变桥输出电路得到正弦波的电压。通过控制IGBT管的通断频率还可控制空调压缩机的变速，同时门驱动电路还受保护电路的监控。

②系统保护控制电路：接收输出电流、电压和空调温度等传感信号，不让变频器在过流、

过压及超温状态下工作,用于对整个系统运行的保护。

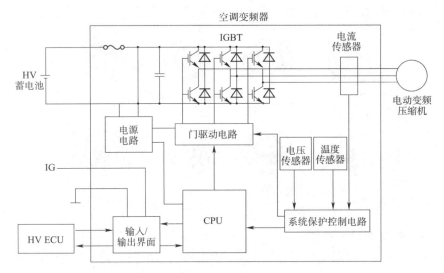

图 4-24　空调压缩机驱动电机变频器内部电路

③中央处理器 CPU 根据空调的目标温度和蒸发器实际温度,计算压缩机的目标转速,控制空调变频器栅极驱动电路的工作。而空调蒸发器的目标温度是由驾驶人设定温度、车外温度传感器、车内温度传感器、日照传感器以及 PTC 温度传感器决定的。另外,车内湿度传感器产生 CPU 的校正信号,提高了乘坐的舒适性。

④输入/输出接口电路:负责对外部电路,如对动力管理系统电路进行通信信号的联系。

⑤电源供给电路:负责向 CPU 和 IGBT 栅极电路进行供电。

(3)空调压缩机电路检测。

以吉利 EV 汽车为例。检查前提:取下蓄电池负极线,拔下压缩机高压与低压插头。检查步骤如下:

①检查高低压绝缘,将绝缘电阻表调到 500V 挡,正极接到压缩机高压插接件其中一端,负极接触壳体,测量值≥2MΩ,若绝缘值小于标准值,表示压缩机故障,建议更换压缩机。

②检查高压插接件正负极之间的电阻值(万用表调到 20M,万用表正负极接触高压端子,应有一个缓慢充电变化的过程。若检查压缩机高压插接件正负极电阻值为 0 或较小,则表示压缩机电路短路损坏;若检查压缩机高压插接件正负极正反向电阻值均极大,则表示压缩机电路断路,建议更换压缩机,如图 4-25 所示。若以上测试结果均正常,基本上可确认压缩机完好,建议排查整车其他部件。

③断开电动压缩机低压插接件,测量线束插接件 1 脚与壳体电压为 12~14V,则低压供电电源正常;测量插接件的 3 脚与壳体电阻小于 1Ω,为搭铁正常。

④用万用表测试空调压缩机电路,如图 4-26 所示;开启 A/C 开关,测量电动压缩机插接件 1 脚电压应在 10~13V 范围内。用示波器测试 LIN 线波形,波形显示应正常,电压在 1~12.5V 之间、平均 10.8V 左右,吉利 EV450 车辆加热和制冷共用一根 LIN 线。开启 PTC 加热模式,一切工作正常,可间接判定 LIN 线及空调热管理模块电源均工作正常。此外,若诊

断仪能进入空调控制模块,则间接证明模块电源正常。

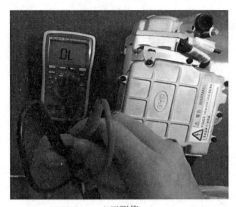
a) 正测值

b) 反测值

图 4-25 空调压缩机高压插接件正负极电阻值检测

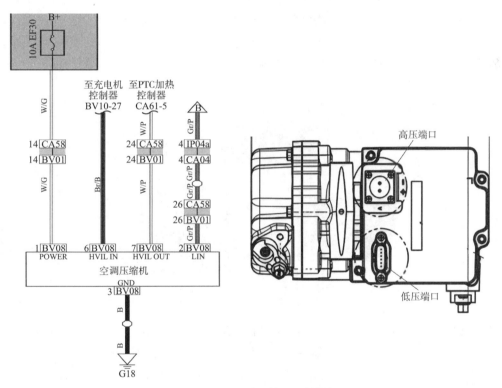

图 4-26 空调压缩机低压电路检测

2. PTC 加热系统检测

(1) PTC 加热器。

PTC 加热器的结构与参数如图 4-27 所示。

加热器:由 2 组电热阻丝并联组成,单独控制。

温度传感器:检测加热器本体的温度,控制加热器导通和切断。

熔断器:防止加热器失控发生火灾。

PTC 加热器

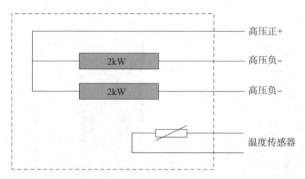

图 4-27　PTC 加热器的结构与参数

(2) PTC 加热器控制原理图。

PTC 加热器由电控组件、CAN 收发电路、驱动电路、保护电路及检测电路等组成，通过 CAN 总线通信，把 PTC 的温度和故障信息发送至总线，实现信号采集、故障预警、过温保护、过压/欠压保护、过流保护、短路保护及反接保护等功能。

电气工作原理：高低压电源和功率请求(CAN 线)信号等接入 PTC 总成，经控制组件逻辑运算以 PWM 占空比信号方式控制 IGBT 的导通与断开，实现加热功率的无级调节，使温度可控。PTC 加热器控制原理图如图 4-28 所示。

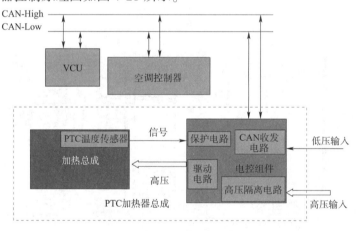

图 4-28　PTC 加热器控制原理图

北汽 EV 系列电动汽车 PTC 加热器的控制系统如图 4-29 所示。点火开关打开后，空调继电器为压缩机控制器、PTC 控制器和 PTC 提供电源。PTC 控制器根据来自空调面板的暖风请求信号(CAN-High 和 CAN-Low)以及温度传感器信号，控制 PTC 加热器工作。

(3) PTC 加热器检测。

检查前提：取下蓄电池负极线，拔下 PTC 加热器高压航插与低压航插。比亚迪 E6 纯电动汽车 PTC 加热器高压线由 DC/DC 与空调控制器输入，其连接线如图 4-30 所示。

检查步骤如下：

①检查 PTC 加热器绝缘性，将绝缘电阻表调到 500V 挡，红表笔分别连接三针 PTC 高压线连接线束插头，黑表笔连接车身搭铁，测量值应≥20MΩ；若绝缘值小于标准值，表示 PTC 绝缘性故障。

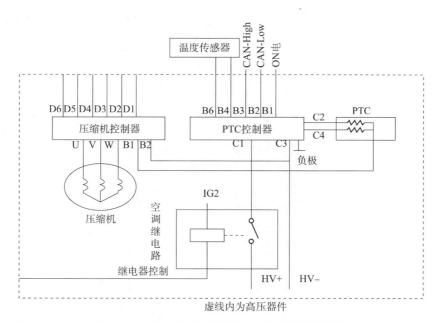

图 4-29 北汽 EV 系列电动汽车 PTC 加热器的控制系统

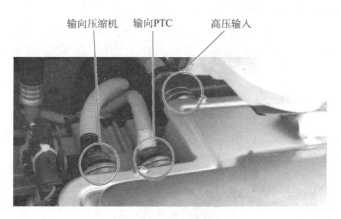

图 4-30 比亚迪 E6 PTC 加热器输入电路连接线

②检查 PTC 加热器电阻:使用万用表电阻挡检查 PTC 加热器高压正负线插座电阻(控制板与 PTC 加热器一体式)。正常值应不导通,若导通或电阻较小为控制板短路,若正负电阻均极大为断路。

比亚迪 E6 纯电动汽车 PTC 加热器控制板与 PTC 加热器为分离式,拔出 PTC 加热器输入线束,可对 PTC 制热电阻进行检测,测量 PTC 加热器端之间的电阻。规格如下:

①将表笔连接蓝色和白色端子应为 1000~1100Ω。
②将表笔连接红色和白色端子应为 330~3700Ω。
③将表笔连接红色和蓝色端子应为 600~700Ω。

3. 温控开关与温度传感器的检查

比亚迪 E6 纯电动汽车暖风系统 PTC 制热模块温控开关的电路图如图 4-31 所示。利用万用表检测温控开关端子的线束,将万用表旋至欧姆挡,校正万用表,将端子针延长线接入温控开关端子,测试温控开关端子间电阻,当最低温度低于80℃时,温控开关电阻规格电阻值应小于1Ω;当最高温度高于85℃时,电阻值应大于10kΩ。

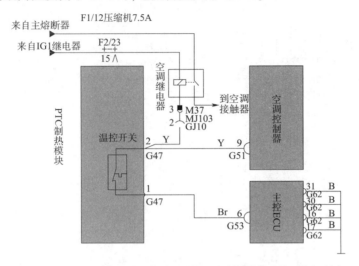

图4-31　比亚迪E6纯电动汽车暖风系统PTC制热模块温控开关电路图

PTC温度传感器的检查:比亚迪E6纯电动汽车暖风系统PTC制热模块温度传感器电路如图4-32所示。拔下PTC温度传感器端子线束,利用万用表检测PTC温度传感器端子G47/4与G47/3电阻值,常温下电阻值应为100kΩ左右(不同车型电阻值不同)。用热风枪加热PTC温度传感器,电阻值应下降,为正常。

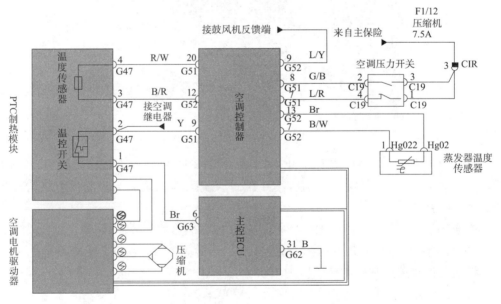

图4-32　比亚迪E6纯电动汽车暖风系统PTC制热模块温度传感器电路图

(二)空调高压系统故障诊断方法

纯电动汽车空调系统中,空调压缩机以高压动力蓄电池为动力源进行驱动,在制冷系统制冷剂静态平衡压力正常情况下,空调压缩机不运行,故障部位大致可分为低压控制部分和高压功率变换部分。低压控制部分主要指驱动控制器不工作,特点是压缩机无启动声音,电源电流无变化,主要原因是:12V DC 供电电源未通入、低压负极线未可靠搭铁、控制信号(CAN 线或 LIN 线通路状态)未到达空调压缩机、接插件接触不良或松脱。

1. 空调电动压缩机高压部分故障诊断

电动汽车压缩机高压部分故障现象是按下 AC 开关后,压缩机无反应、压缩机发出异响、压缩机启动瞬间有轻微抖动后无反应。对于压缩机不工作的故障,应首先检查高压配电盒至压缩机之间的电气线路(包括高压熔断丝、控制继电器等)是否正常。压缩机高压部分常见的故障原因有压缩机电机超载故障、压缩机电机控制模块故障、绝缘故障和电机故障等。

(1)压缩机电机超载故障。

压缩机内部的涡旋盘外部型线破裂,或者出现轴承损坏等情况,会造成压缩机启动和运行阻力过大甚至卡滞,导致压缩机内部过流,即:相电流有效值大于或等于过流报警阈值,触发变频器内的停机保护功能,使启动失败。压缩机电机超载故障现象是压缩机启动几秒后马上停止,这种情况若连续重复几次,整车系统判定为压缩机启动失败。压缩机涡旋盘外部型线破裂如图 4-33 所示。

压缩机内部结构卡滞会造成电动机相电流过大而使压缩机启动失败,此故障可通过故障诊断仪读取相应的故障码,包括:电子风扇没有运转;膨胀阀堵塞;系统其他地方堵塞;冷媒注入量不正确;系统内有空气进入。电磁膨胀阀开度不正确也会使整车报压缩机启动失败或内部过流故障码,这需要根据现场情况作出如下判断:

图 4-33 压缩机涡旋盘外部型线破裂

若压缩机启动失败,报压缩机内部过流故障,则将系统抽真空后重新灌注冷媒,压缩机冷冻油也重新补给,停机一段时间之后能正常启动,且压缩机系统的高低压管道压力正常,则说明之前故障是系统自身的问题,与电动压缩机无关。若经上述处理后压缩机仍无法正常启动,则说明是压缩机自身异常,可以拆机查看或更换压缩机验证。

(2)压缩机电机控制模块故障。

电机控制模块 IGBT 损坏会造成电动压缩机与高压电路断路、短路,而 IGBT 失效的原因有以下三个可能:过压失效;过流失效;过温失效。IGBT 内部损坏根本的原因是空调制冷系统负载太大,导致压缩机运行需要较大转矩,驱动这么大的负载也需要较大的相电流,长时间过流导致 IGBT 内部芯片受损。此类故障,首先通过故障诊断仪读取故障码和数据流,一般会有压缩机高压侧欠压,此时可先检查高压回路(熔断丝、控制接触器状态及高压线束连接情况)。

当整车报高压熔断丝烧毁故障码时,可先排查压缩机控制模块高压输入侧,用万用表导通挡测试高压输入接头正负极,若发现正负极导通,即 IGBT 损坏。IGBT 内部集电极和发射极短路导通,IGBT 击穿的原因过多,应首先排除高压接头正负极反接的因素。

若上述检查 IGBT 基本正常,再对压缩机电机控制模块进行分析,将故障电机控制模块外挂在新的压缩机电机上电运行。若运行成功,则需查看原故障电机的情况,检查是否存在压缩机电机控制模块与电机贴合不良、定子异常等现象;若运行失败且不断重启,则说明压缩机电机控制模异常。

(3)压缩机绝缘故障。

压缩机绝缘耐压性能不合格原因有以下三个可能:压缩机电机控制模块内部电路板烧毁;压缩机电机控制模块进水;压缩机电机定子内的漆包线漆皮破损。

①压缩机电机控制模块内部电路板烧毁。

电子元器件质量不合格或 PCB 板(Printed Circuit Boards,印刷电路板)设计不规范有可能导致电机控制模块电路板烧毁,电路板中烧毁的一般为电容。导致电路板中电容烧毁的可能原因主要有:电压极不稳定、温度过高、谐波电流存在、元器件选型不合理等;由于电源部分的电容爆炸引起的电路板铜皮烧毁等。电容爆炸产生的炭粉会污染电路板,导致电机控制模块与机壳导通,从而使压缩机绝缘耐压测试不合格。控制模块电路板如图 4-34 所示。

②压缩机电机控制模块进水。

压缩机电机控制模块是直接扣在机壳壳体上方,中间垫了一层黑色防水密封垫圈。若压缩机电机控制模块与壳体间的紧固螺钉未锁紧,那么密封垫圈与机壳接触面或电机控制模块贴合面之间存在缝隙,车辆在经过路面积水过深的地方或水从压缩机上方落下时,水容易从缝隙渗透进压缩机电机控制模块内,从而导致电机控制模块烧毁,整车的高压侧判定漏电直接将高压电下电。此时用绝缘耐压测试仪测试,由于内部水未干,压缩机会出现绝缘耐压性能不合格的现象。

图 4-34 空调压缩机控制模块电路板

③压缩机电机定子内的漆包线漆皮破损。

当压缩机发生绝缘耐压性能不合格故障时,需要先分析压缩机漏电的部位在电机控制模块还是电机部件。可将压缩机电机控制模块与电机拆开后,用绝缘耐压测试仪对两个部分都进行测试,若电机控制模块的高低压线束与电机控制模块盖板之间短路,则说明压缩机电机控制模块的绝缘耐压有异常;若电机三相接线柱与电机机壳之间短路,则说明电机定子内的漆包线漆膜破损。

(4)压缩机电机故障。

压缩机电机常见故障一般有三相绕组中有一相断路;定子内的漆包线漆膜破损使绕组匝间或相间有局部短路;绕组与外壳短路。此类故障可用万用表和绝缘电阻表进行测量。

2. PTC 加热器故障诊断

一般情况下,若制冷工作正常但空调暖风系统不制暖或 PTC 过热,则为 PTC 加热器回路故障。主要故障点为分线盒内 PTC 熔断器熔断及 PTC 回路出现断路、短路、绝缘故障、PTC 温控器损坏粘连、PTC 控制板损坏等。PTC 加热器回路电路简图如图 4-35 所示。

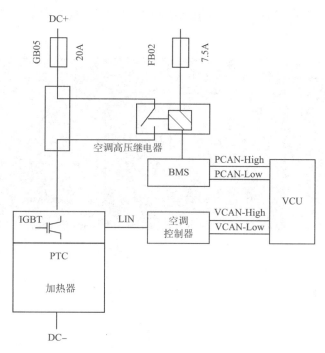

图 4-35 PTC 加热器回路电路简图

（1）PTC 本体损坏故障诊断：一般 PTC 加热器电阻与控制板安装在一体，用万用表测量 PTC 加热器高压供电插孔，正反向电阻应相差较大，若很小或电阻为 0，说明控制板损坏；若控制板正常（图 4-36），可分解加热器电阻与控制板，测量 1.5kW 和 2kW 两个电阻的阻值是否在正常范围内。

a) 正测值　　　　　　　　　　b) 反测值

图 4-36 PTC 本体损坏故障诊断

（2）PTC 控制回路检测：检测 GB05 熔断丝是否损坏、检测空调正极继电器是否正常工作，以及暖风开关及调节线路有无短路或断路等。

（3）控制单元电路检测：检测 PTC 控制单元及相关线束有无损坏，用故障诊断仪检查 PTC 控制单元与整车 VCU 的 CAN 通信是否正常。

（4）PTC 温控开关检测：用万用表测量 PTC 温控开关在设定温度下，是否通断正常。

（5）读取 PTC 数据流：用诊断仪检测空调系统的运行信息，可读出 PTC 电加热器以及空调各挡位、电压、各传感器反馈的信息，根据读取的PTC参数，可分析出可能出现的故障部位，如图4-37所示。

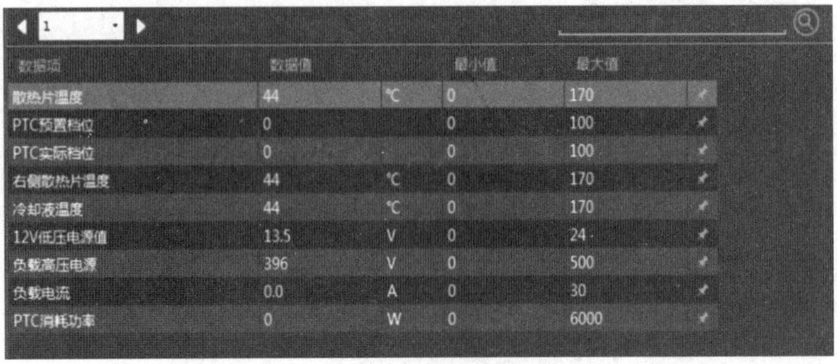

数据项	数据值		最小值	最大值
散热片温度	44	℃	0	170
PTC预置档位	0		0	100
PTC实际档位	0		0	100
右侧散热片温度	44	℃	0	170
冷却液温度	44	℃	0	170
12V低压电源值	13.5	V	0	24
负载高压电源	396	V	0	500
负载电流	0.0	A	0	30
PTC消耗功率	0	W	0	6000

图4-37　PTC加热器数据流

二、任务实施

（一）工作准备

（1）防护装备：常规实训着装、绝缘鞋、绝缘手套、防护镜。

（2）车辆、台架、总成：新能源EV系列纯电动汽车或其他同类新能源车辆。

（3）专用工具、设备：万用表、汽车故障诊断仪、制冷剂回收加注机、汽车举升机或其他适用的设备。

（4）手工工具：组合工具。

（5）辅助材料：R134制冷剂（罐）。

（二）实施步骤

由于空调系统的制冷压缩机及PTC元件供热的工作均为高压电，若空调系统出现故障需要维修时，应小心谨慎，请勿在通电情况下对元器件进行直接检修操作，在没有将蓄电池的紧急维修手柄拔下之前，不要触碰橙红色的高压线束及接插件，首先应遵循安全操作规程，避免产生危险的触电事故或损坏机件。拆装空调压缩机，需要进行制冷剂的回收与加注。维修更换压缩机，需要使用制冷剂加注设备（如：AC350C型制冷剂回收加注机），如图4-38所示。

下面为压缩机拆装操作过程。

1. 任务实施准备

（1）关掉点火开关，将钥匙移出智能系统的探测范围。

（2）铺设三件套。

（3）打开机舱盖，铺设翼子板护垫。

（4）断开低压蓄电池负极线，用绝缘胶带包裹，防止虚接发生危险。

项目四 电动空调系统认识与检修

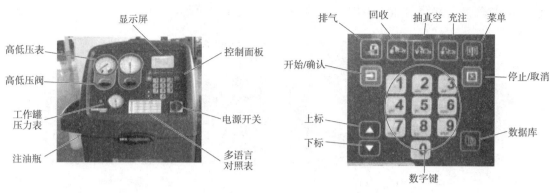

图 4-38　AC350C 型制冷剂回收加注机

（5）检查绝缘手套是否有破损。戴上绝缘手套，拔下高压蓄电池的橙红色维修手柄。

（6）等待 10min 或更长，以便使压缩机变频器总成内的高压电容放完电。

2. 电动压缩机拆卸

（1）断开电源分配单元（Power Distribution Unit，PDU）端压缩机高压线束插头，如图 4-39 所示。

（2）通过测量低压蓄电池电压的方式核实数字式万用表，如图 4-40 所示。

图 4-39　断开 PDU 端压缩机高压线束插头　　　　图 4-40　核实数字式万用表

（3）测试压缩机高压线束端子接地电压，如图 4-41 所示。

（4）佩戴护目镜（防止制冷剂、冷冻油喷溅到眼中），拧开空调低压管加注口保护盖，如图 4-42 所示。

图 4-41　测试压缩机高压线束端子接地电压　　　　图 4-42　拧开空调高压管加注口保护盖

（5）安装制冷剂回收加注机的高压管，并拧开高压管阀门，如图 4-43 所示。

（6）打开制冷剂回收加注机低、高压管阀门，如图4-44所示。

图4-43　拧开高压管阀门

图4-44　打开加注机制冷剂回收阀门

图4-45　按下回收制冷剂按钮

（7）按下回收制冷剂按钮，如图4-45所示，根据车型输入制冷剂回收量（克数），开始回收，回收完成后，关闭制冷剂回收加注机高、低压管阀门，拆下高、低压加注管，安装好空调高、低压管加注口保护盖。

（8）举升车辆，拆下机舱下护板，如图4-46所示。

（9）断开压缩机低压线束插头和压缩机高压线束插头，如图4-47所示。

图4-46　举升车辆，拆下机舱下护板

图4-47　断开压缩机低压线束和高压线束插头

（10）松开吸入管固定螺钉，拔出压缩机高压管并包裹高压管管口，防止进入灰尘、水等异物，如图4-48所示。

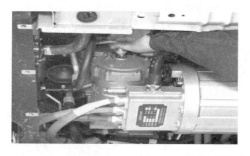 

图4-48　拔出压缩机高压管并包裹高压管管口

（11）松开排出管固定螺钉,拔出压缩机低压管并包裹低压管管口,松开压缩机的三个固定螺栓取下压缩机总成,如图4-49所示。

 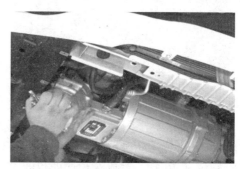

图4-49　拔出压缩机低压管松开压缩机固定螺栓取下压缩机总成

3. 空调压缩机的安装

按与拆卸相反方向安装压缩机,安装时注意:安装高压管密封圈应涂抹润滑油。

安装压缩机完成后,安装压缩机端的压缩机高低压线束插头。安装低压蓄电池负极线。

4. 制冷剂加注

（1）抽真空。

抽真空的目的是除去系统中的水分。随着真空度的增加,系统内绝对压力降低,当系统内的绝对压力降低到与环境温度相对应的饱和水蒸气压力时,系统内剩余的水分子沸腾成水蒸气,被继续抽出。

操作步骤如下:

①佩戴好护目镜。

②将红、蓝软管的快速接头接在制冷剂管路的高、低压阀上。打开快速接头和控制面板的阀门,按抽真空键,设定抽真空时间。按开始/确认键,设备开始抽真空,抽真空时间不得少于30min,如图4-50所示。

③当达到设定的抽真空时间时,设备自动停止,显示界面出现是否保压的提示信息。按开始/

图4-50　抽真空显示界面

确认键保压,保压固定 3min,高、低压表指针应保持在 -90kPa 位置不动。

注意:在保压过程中,应仔细观察压力表指针的变化,判断是否有泄漏,如果有泄漏,应查明泄漏原因并解决;如果没有发现泄漏,可以进行下一步操作。保压完成后选择下一步,点击确认按钮,显示屏出现是否注油的提示信息。

④关闭控制面板的低压阀门,然后按开始/确认键,执行注油功能。注意,注油过程很快,因此要时刻观察注油瓶的液位变化,需要暂停时可按开始/确认键,需要结束注油时可按停止/取消键。补充冷冻机油的显示界面如图 4-51 所示。注油完成后退出注油页面。

a)

b)

图 4-51 补充冷冻机油的显示界面

(2)加注制冷剂。

①补充冷冻机油结束之后,显示屏出现是否加注制冷剂的提示信息。若需要继续加注制冷剂,则按开始/确认键或按控制面板的充注键,启动加注制冷剂程序;按提示信息采用单管加注方式;关闭低压阀(防止液态制冷剂进入空调压缩机),打开高压阀;按数字键,输入加注量。按开始/确认键,启动加注制冷剂程序[图 4-52a)]。

②当达到设定加注量时,加注程序自动停止。

③关闭红、蓝软管的快速接头并从制冷剂管路中取下来。安装空调高低压管加注口保护盖,之后回收加注机高、低压管路中的残余制冷剂、冷冻油,打开控制面板的高、低压阀门。按开始/确认键,设备开始进行管路清理[图 4-52b)],默认时间是 2min。管路清理结束后,关闭控制面板的高、低压阀门,关闭电源开关。

a)
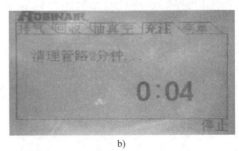
b)

图 4-52 加注制冷剂与管路清理显示界面

(3)制冷系统空调系统压力检查,启动空调,将鼓风机开到最高挡,观察制冷剂回收加注机高低压阀门仪表压力,判断是否正常(如正常,系统内低压侧压力应为 0.147~0.192MPa,高压侧压力应为 1.37~1.67MPa)。

思政教育

工匠精神是一种职业精神,它是职业道德、职业能力、职业品质的体现,是从业者的一种职业价值取向和行为表现。"工匠精神"的基本内涵包括敬业、精益、专注、创新等方面的内容。

工匠精神代表人物事迹之四——大国工匠胡双钱

"学技术是其次,学做人是首位,干活要凭良心。"胡双钱喜欢把这句话挂在嘴边,这也是他技工生涯的注脚。

胡双钱是上海飞机制造有限公司的高级技师,一位坚守航空事业35年、加工数十万件飞机零件无一差错的普通钳工。对质量的坚守,已是融入血液的习惯。他心里清楚,一次差错可能就意味着无可估量的损失,甚至以生命为代价。他用自己总结归纳的"对比复查法"和"反向验证法",在飞机零件制造岗位上创造了35年零差错的纪录,连续12年被公司评为"质量信得过岗位",并授予产品免检荣誉证书。

一次,胡双钱按流程给一架在修理的大型飞机拧螺钉、"上保险"、安装外部零部件。"我每天睡前都喜欢'放电影',想想今天做了什么,有没有做好。"有一天回想工作,胡双钱感到"上保险"这一环节怎么也不踏实。保险对螺钉起固定作用,确保飞机在空中飞行时,不会因震动过大导致螺钉松动。思前想后,胡双钱不踏实,凌晨3时,他又骑着自行车赶到单位,拆去层层外部零部件,保险醒目出现,一颗悬着的心落了下来。

从此,每做完一步,他都会定睛看几秒再进入下道工序,"再忙也不缺这几秒,质量最重要!"

"一切为了让中国人自己的新支线飞机早日安全地飞行在蓝天上。"

胡双钱不仅无差错,还特别能攻坚。在ARJ21新支线飞机项目和大型客机项目的研制和试飞阶段,设计定型及各项试验的过程中会产生许多特制件,这些零件无法进行大批量、规模化生产,钳工是进行零件加工最直接的手段。胡双钱几十年的积累和沉淀开始发挥作用。他攻坚克难,创新工作方法,圆满完成了ARJ21-700飞机起落架钛合金作动筒接头特制件制孔、C919大型客机项目平尾零件制孔等各种特制件的加工工作。

近年来,默默无闻的胡双钱获得了不少荣誉。2009年,他荣获全国五一劳动奖章,2015年又被评为全国劳动模范,平生第一次走进庄严的人民大会堂接受表彰。胡双钱感慨:"我们赶上了好时代。我们的客机事业经历过坎坷与挫折,但终于熬过来了,迎来了春天。我们应该更加珍惜今天的事业,想要更好,就要靠自己。"

"一定要把我们自己的装备制造业搞上去,一定要把大飞机搞上去。"已经55岁的胡双钱现在最大的愿望是:"最好再干10年、20年,为中国大飞机多做一点。"

习题

一、填空题

1. 涡旋式压缩机主要由一个_____盘和一个_____盘组成。
2. 新能源汽车暖风系统由_____开关模块、_____加热器、_____传感器等元件构成。
3. 电动变排量涡旋式压缩机主要由_____式压缩机、_____电动机、_____器组成。
4. 压缩机电机常见故障三相绕组中有一相_____,定子内的漆包线漆膜_____使绕组匝间或_____有局部短路,绕组与_____短路。

二、判断题

1. 涡旋式压缩机是将低温低压气态制冷剂压缩成高压高温的液态制冷剂,并推动制冷剂在系统中循环流动。（   ）
2. PTC加热器采用PTC热敏陶瓷元件,PTC是负温度系数热敏电阻。（   ）
3. 涡旋式压缩机两个相互啮合的涡盘,相互错开180°安装在一起,即相位角相差180°。（   ）
4. 一般情况下,若制冷工作正常但空调暖风系统不制暖,则为PTC加热器回路故障。（   ）

三、选择题

1. 电动空调压缩机在空调制冷系统工作中,可把从(   )流出的低温气态制冷剂压缩成高温气态制冷剂,送到冷凝器中。
   A. 冷凝器　　　B. 蒸发器　　　C. 储液干燥器　　　D. PTC加热器
2. 热泵系统是高温高压的制冷剂流过(   )时,制冷剂释放的热能用于加热乘客舱。
   A. 热交换器　　　B. 冷凝器　　　C. 储液干燥器　　　D. 膨胀阀
3. 比亚迪E6纯电动汽车PTC加热器高压供电路径经过(   )。
   A. 电机控制器　　　　　　　　B. 空调控制ECU
   C. DC/DC与空调分配器　　　　D. 空调压缩机
4. 更换电动空调压缩机后,首先需要对空调系统进行(   )作业。
   A. 故障诊断　　　B. 运行试验　　　C. 加注制冷剂　　　D. 系统匹配

项目五

电动助力系统检测与维修

知识目标

(1) 掌握电动转向系统的类型、组成与控制策略。
(2) 掌握电动真空助力制动系统的组成与控制策略。

技能目标

(1) 能够掌握电动转向系统各部件的更换及拆装方法。
(2) 能够掌握电动转向系统的故障诊断与检修方法。
(3) 能够掌握电动真空助力制动系统各部分的更换及拆装方法。
(4) 能够掌握电动真空助力制动系统的故障诊断与检修方法。

素质目标

(1) 培养遵守安全作业要求、注重个人安全防护的能力。
(2) 培养严格执行检修规范、养成严谨科学的工作态度的能力。
(3) 培养正确检查工作结果并进行自我评估的能力。
▶学时:12

 任务1 电动转向系统检修

任务描述

一辆比亚迪 E5 纯电动汽车在车辆正常行驶中,为躲避前方障碍物,转动转向盘时突然没有了助力,驾驶人将车开到 4S 店,经技术人员检查后确认电动转向机发生了故障,更换转向机后故障消失。请问你了解电动转向系统吗?能不能排除此项故障?

一、知识准备

(一) 电动转向系统组成

1. 电动助力转向系统的分类

根据转向动力源不同,新能源汽车电控动力转向系统可分为液压式电控动力转向系统(Electro Hydraulic Power Steering,EHPS)和电动式电子控制动力转向系统(Electrical Power Steering,EPS)。

液压式电控动力转向系统(EHPS)是在传统的液压动力转向系统的基础上增设了电动液压泵、转矩及车速传感器和电子控制单元等形成的,如图5-1所示。

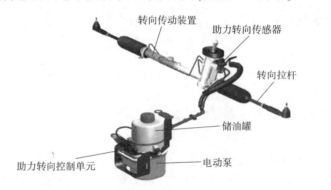

图 5-1 液压式电控动力转向系统

电动式电子控制动力转向系统(EPS)是在传统的机械式转向系统的基础上,利用电动机作为动力源,电子控制单元根据转向参数和车速等信号,控制电动机转矩的大小和转动方向。电动机的转矩通过减速机构减速增矩后,加在汽车的转向器机构上,使之得到一个与工况相适应的转向作用力。当前,电动式电子控制动力转向系统按照助力电机的布置方式一般可分转向柱助力式、小齿轮助力式、齿条助力式三种,如图5-2所示。

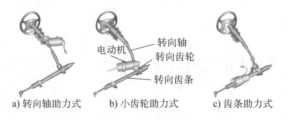

图 5-2 电动式电子控制动力转向系统类型

(1) 转向柱助力式(C-EPS)。

转向轴助力式转向系统其转矩传感器、电动机、转向助力减速机构组成一体,安装在转向柱上。

(2) 小齿轮助力式(P-EPS)。

小齿轮助力式转向系统的转矩传感器、电动机、转向助力减速机构仍为一体,只是整体安装在转向小齿轮处,直接给小齿轮助力,能够获得较大的转向力。

(3)齿条助力式(R-EPS)。

齿条助力式转向系统的转矩传感器单独地安装在转向小齿轮处,电动机与转向助力减速机构一起安装在小齿轮另一端的齿条处,用以给齿条助力。

2. 电动助力转向系统的组成

EPS 一般由机械转向系统加上转矩传感器、转角传感器、车速传感器、电子控制单元、助力电机、减速器等组成,它在传统机械转向系统的基础上,根据转向盘上的转矩信号和汽车的行驶车速信号,利用电子控制装置使电动机产生相应大小和方向的辅助动力,协助驾驶人进行转向操作,如图5-3所示。

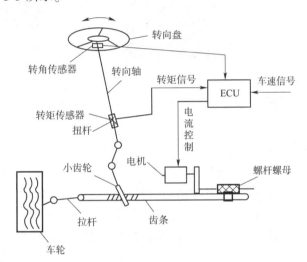

图 5-3 电动助力转向系统的组成

比亚迪 E5 纯电动汽车电动转向系统

以比亚迪 E5 纯电动汽车车型为例,该车型使用齿条电动助力转向器(Rack Electric Power Steering,REPS),为非同轴式 REPS,即转向器助力电动机与转向器丝杠轴不同轴,电动机通过传动带连接转轴和丝杠螺母。该系统由传感器(力矩-转角传感器、车速传感器)、控制器(EPS 电子控制单元)、执行器(EPS 电机)以及相关机械部件组成。

(1)转矩传感器。

转矩传感器用来检测转向盘转矩、转角的大小和方向,它是 EPS 的控制信号之一。转矩传感器主要有接触式和非接触式两种。接触式转矩传感采用可变滑动电阻式,有摆臂式、双排行星齿轮式和扭杆式等类型,其特点是成本低,但受温度与磨损影响易发生输出信号漂移且使用寿命较短,在汽车上已基本淘汰;非接触式转矩传感器主要有霍尔式、光电式和磁感应式;由于非接触式转矩传感器体积小,精度高,抗干扰能力强,易实现绝对转角和角速度的测量,因此在汽车上被广泛使用。其中,霍尔集成电路式和磁感应式传感器相比光电式传感器刚度、抗污垢能力好。以下介绍霍尔集成电路式和磁感应式 2 种非接触式转矩传感器的结构与原理。

①霍尔集成电路式。

霍尔集成电路式是在扭力杆上布置多极磁体,通过周围设置的磁束环使扭力杆扭转产生的磁力不平衡得以聚合,并使用霍尔集成电路的方式。霍尔集成电路具有温度特性,可在集成电路内完成修正,且满足实用条件,如图5-4所示。

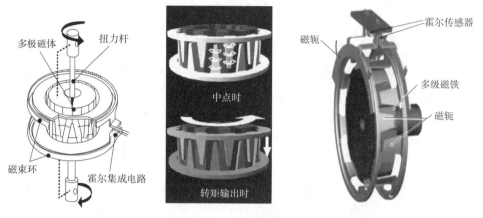

图5-4 霍尔集成电路式转矩传感器

霍尔集成电路式转矩传感器工作原理是:当车辆直行时,上面磁轭和下面磁轭的"指"都位于多极磁铁南北极的分界线上,此时没有磁场通过霍尔传感器,两个霍尔传感器输出电压相同,当向右转动转向盘时,扭杆发生扭转变形,多极磁铁相对磁轭转过一个很小的角度,这使下面磁轭的"指"从南北极分界线靠向南极中心线。上面磁轭的"指"从南北极分界线靠向北极中心线,此时就有磁场通过霍尔传感器,磁场方向是从北极到南极。此时,霍尔传感器1输出电压升高,霍尔传感器2输出电压降低,磁腭的"指"越靠近磁极中心线,磁场强度就越大,电压变化幅度就越大。如果向左转动转向盘,通过霍尔传感器的磁场方向会相反,如图5-5所示。

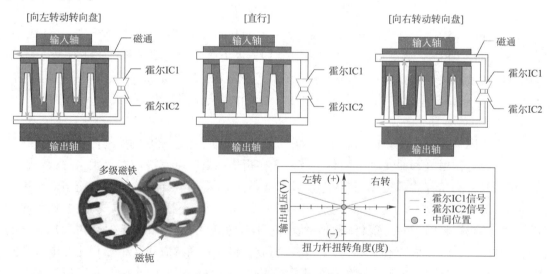

图5-5 霍尔集成电路式转矩传感器工作原理

② 磁感应式。

磁感应式是指安装于扭力杆上下位置的检测线圈和补偿线圈的凹凸相对位置随着扭力

杆的扭转而变化,并通过外侧设置的检测线圈获取相应磁路变化的方式,且这种方式的转矩传感器已被广泛应用。磁感应式转矩传感器结构如图5-6所示。

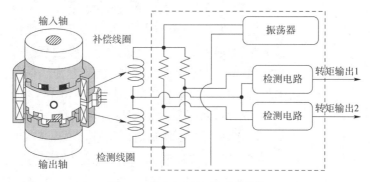

图5-6 磁感应式转矩传感器结构

磁感应式转矩传感器原理是通过检测扭力杠杆的扭曲程度,转换为电信号来计算扭力杆上的转矩,并将信号传输给 EPS 控制器。在输入轴上安装有检测环1和检测环2,而检测环3安装在输出轴上,输入轴和输出轴通过扭力杆连接在一起,检测线圈和校正线圈位于各检测环外侧,不经接触可形成励磁电路。检测误差1和检测误差2的功能是校正温度误差,它们可以检测校正圈中的温度变化并校正温度变化引起的误差。检测线圈通过对偶电路可以输出2个信号:VT1(转矩传感器信号1)和VT2(转矩传感器信号2)。ECU 根据这两个信号控制助力大小同时检测传感器故障。磁感应式转矩传感器输出信号与转矩的关系如图5-7所示。

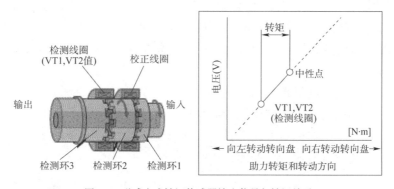

图5-7 磁感应式转矩传感器输出信号与转矩关系

直线行驶时:如果车辆直线行驶且驾驶人没有转动转向盘,则 ECU 会检测出的转向盘位置,不向 EPS 电动机供电。

转向时:驾驶人向左或向右转动转向盘时,扭力杆的扭曲就会在检测环2和检测环3之间产生相对位移,检测环可以把这个变化转换为两个电信号 VT1 和 VT2,并发送给 EPS 控制器。转向盘向左转动时,输出一个比自由位置输出电压低的电压;转向盘向右转动时,输出一个比自由位置输出电压高的电压,这样,就可以根据输出电压检测出转向力大小和转向方向。

(2)电动机。

EPS 中使用的电机分为有刷电机和无刷电机。有刷电机在电刷和整流子转动的同时切

新能源汽车整车控制技术

换电流,所以接通电源就能转动,成本较低。但是有刷电机的绕组布置于转子侧,随着输出功率的增加,电机的惯性力矩增加,就需要解决转向操作灵敏度变差的问题。

无刷电机本身不带有整流作用,所以需要内置转角传感器,通过电路切换对应转角信号的电流,结构复杂且成本高。但是,无刷电机的绕组布置于定子侧,转子侧为磁体,使无刷电机输出功率相对增加。转向电动机控制电路如图5-8所示。

电动机的输出转矩控制是通过控制其输入电流来实现的,而电动机的正转和反转则是由电子控制单元(ECU)输出的正反转

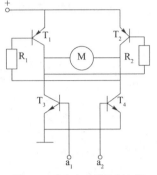

图5-8 转向电动机控制电路

触发脉冲控制。a1、a2为触发信号端。从电子控制器得到的直流信号输入到a1、a2端,用以触发电动机产生正反转。当a1端得到输入信号时,晶体管T3导通,T2管得到基极电流而导通,电流经T2管的发射极和集电极、电动机M、T3管的集电极和发射极接地,电动机有电流通过而正转。当a2端得到输入信号时,晶体管T4导通,T1管得到基极电流而导通,电流经过T1管的发射极和集电极、电动机M、T4管的集电极和发射极接地,电动机有反向电流通过而反转。控制触发信号端的电流大小,就可以控制电动机通过电流的大小。工作中,电动机电流随转向盘的转动和车速的变化频繁地改变,而且电动机电枢是非线性元件,存在感生电流和反电动势,因此工作环境比较恶劣,故障情况也比较复杂。如工作时易出现发热,其运行后温升的大小直接影响其工作性能,特别是在电机堵转,即车辆长时间原地转向时,电动机电流很大,而且又不对外做功,电动机消耗的电能全部消耗在电阻发热上,短时间内就会出现很大的热量,严重时会烧坏电动机。此外,对于双向运转的电动机,在突然反转时产生很大的电流,电枢反应瞬时变得很大,严重时会造成电机的永久性退磁,且会导致其无法工作,因此必须要对运行时可能出现的最大电流进行限制,一般最大电流可规定为额定电流的3~5倍。

(3)减速机构。

减速机构用来增大电动机传递给转向器的转矩。它主要有两种形式:双行星齿轮减速机构和蜗轮蜗杆减速机构。由于减速机构对系统工作性能的影响较大,因此在降低噪声、提高效率和左右转向操作的对称性方面对其提出了较高的要求。比亚迪E5纯电动汽车转向器采用皮带传动蜗轮蜗杆减速机构如图5-9所示。

图5-9 比亚迪E5纯电动汽车转向器减速机构

(4) EPS 控制器。

EPS 控制器主要由硬件电路和软件程序组成,在电源、电机等其他外围部件正常工作时,其本身的可靠性比较高,硬件本身不易出现故障,但是某些外围部件的短路将会对 ECU 造成致命的损伤,如:CPU 稳压电源的 12V 电源输入端与其输出端出现短接,将烧坏 CPU;电动机的正负极若出现瞬时短路,转向时将引起 MOSFET 管击穿或相关电路损坏。这些损伤都具有瞬间性和致命性,因此,为了优先保护 ECU 不受损害,必须要对稳压电源和电动机电流设立监测电路。

EPS 控制器根据各传感器(包括车速传感器)发出的信号,启动转向电动机来提供转向助力。

① 当整车处于停车下电状态时,EPS 不工作(EPS 不进行自检、不与整车控制器 VCU 通信、EPS 驱动电机不工作),当钥匙开关处于"ON"挡,"ON"挡继电器吸合后 EPS 开始工作。

② EPS 正常工作时,EPS 根据接收来自 VCU 的车速信号、唤醒信号及来自转矩传感器的转矩信号和 EPS 助力电机的位置、转速、转子位置、电流、电压信号等进行综合判断,以控制 EPS 助力电机的转矩、转速和方向。

③ 转向控制器在上电 200ms 内完成自检,上电 200ms 后可以与 CAN 线交互信息,上电 300ms 后输出转向故障和转向状态信息,上电 1200ms 后输出控制系统版本信息。

④ 当 EPS 检测到故障时,通过 CAN 总线向 VCU 发送故障信息,并采取相应的处理措施。

电控助力转向系统的工作原理如图 5-10 所示。

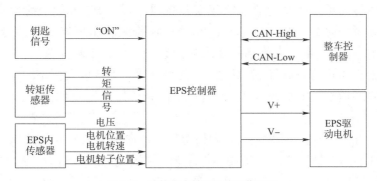

图 5-10　电控助力转向系统工作原理

(二) 电动转向控制原理与策略

1. EPS 基本工作原理

当转向轴转动时,转矩传感器和车速传感器分别测出驾驶人施加在转向盘上的操纵力矩和车辆当前的行驶速度(回正时还要用到角度传感器),转矩传感器将检测到的转矩信号转化为电信号送至电子控制单元 ECU,ECU 接收转矩信号、车速信号等信号,根据内置的控制策略和算法,计算出此时需要的理想助力力矩,再换算为相应的电流,驱动助力电机按该电流运行。EPS 工作原理如图 5-11 所示。

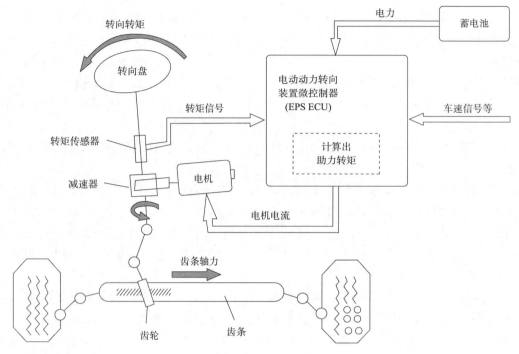

图 5-11　EPS 工作原理

2. EPS 控制策略

传统的动力转向系统所设定的固定放大倍率具有以下缺点：如果所设计的固定放大倍率的动力转向系统是为了减小汽车在停车或低速行驶状态下转动转向盘的力，则当汽车以高速行驶时，这一固定放大倍率的动力转向系统会使转动转向盘的力显得太小，不利于对高速行驶的汽车进行方向控制；反之，如果所设计的固定放大倍率的动力转向系统是为了增加汽车在高速行驶时的转向力，则当汽车停驶或低速行驶时，转动转向盘就会显得非常吃力。

电子控制动力转向系统根据车速、转向情况等对转向助力实施控制，使动力转向系统在不同的行驶条件下都有最佳的放大倍率；在低速时有较大的放大倍率，可以减轻转向操纵力，使转向轻便、灵活；在高速时则适当减小放大倍率，以稳定转向手感，提高高速行驶的操纵稳定性。

汽车转向时，力矩-转角传感器把检测到的信号大小、方向经处理后传给 EPS 电子控制单元，EPS 电子控制单元同时接收车速传感器检测到的信号，然后根据车速传感器和力矩-转角传感器的信号决定电机旋转方向和助力力矩的大小。同时，电流传感器检测电路的电流，对驱动电路实施监控，最后由驱动电路驱动电机工作，实施助力转向。

(三) 电动转向系统故障诊断与控制部件检测

1. 电动助力转向常见故障与排除

电动助力转向常见故障与排除见表 5-1。

电动助力转向常见故障与排除　　　　　表 5-1

故障现象	可能的原因	排除方法
转向沉重	接插件未插好	插好插头
	线束接触不良或破损	更换线束
	转向盘安装不正确(扭曲)	正确安装转向盘
	转矩传感器性能不良	更换转向器
	转向器故障	更换转向器
	电动机转速传感器故障	更换电动机转速传感器
	车速传感器性能不良	更换车速传感器
	主熔断丝和线路熔断丝烧坏	更换熔断丝
	EPS 控制器故障	更换 EPS 控制器
在直行时车总是偏向一侧	转矩传感器性能不良	更换转向器
转向力不平顺	转矩传感器性能不良	更换转向器

2. 电动助力转向故障诊断

电动助力转向系统故障一般包含 ECU 故障、力矩-转角传感器故障、电机温度、电机过电流、电源电压低、电源电压供电线路类故障以及模块通信故障;当转向系统发生故障时,首先用故障诊断仪读取故障码,通过故障码定义和相关的电路图检修;也可以根据具体的数据流对比当前数据是否正常,诊断过程如下:

(1)举升车辆查看插接件是否松动或脱落,特别是电机和 ECU 插接件。

(2)用故障诊断仪检查是否有转矩传感器故障、电机过电流等故障码。

3. 电动转向系统控制部件检测

(1)转向力矩传感器检测。

比亚迪 E5 纯电动汽车 R-EPS 转向力矩传感器电路接线如图 5-12 所示。8 根导线均与转向控制单元相连,分别为电源线 VCC1、VCC2,接地线 GND1、GND2,信号线 TQ1、TQ2。检测时,其操作步骤如下:

①打开点火开关,用诊断仪读取转向力矩传感器故障码和数据流,转动转向盘,确认转角信号值是否在标准值范围内。

②在点火开关打开条件下,用万用表 20V 直流电压挡测量电源线与接地线之间电压。电压值应在标准值范围内,否则,为电控单元故障或传感器与电控单元之间的导线发生故障。

③转动转向盘,用万用表 20V 直流电压挡测量信号线 1 与信号线 2 之间的电压,电压值应在标准值范围内,否则为传感器损坏。

(2)转向电动机检测。

北汽 EV 车系电动汽车转向系统电动机电路接线如图 5-13 所示。转向电机的两根供电导线均与转向控制单元相连;检测时,其操作步骤如下:

①用万用表 20V 直流电压挡测量转向控制单元电源线与搭铁部位之间的电压。电压值

应在蓄电池电压标准值范围内,否则为蓄电池与转向控制单元之间的导线发生故障。

②转动转向盘,将电流表串联在蓄电池与转向控制单元电源之间或转向控制单元与接地线之间,测量通过的电流值。电流值应在标准值范围内,否则为转向力矩传感器、转向电动机或转向控制单元损坏。

③拔下转向电动机供电插头,用万用表测量电动机电阻应在标准值范围内,测量电机插头与电机外壳绝缘应良好,也可直接对电机通12V电进行运转测试。

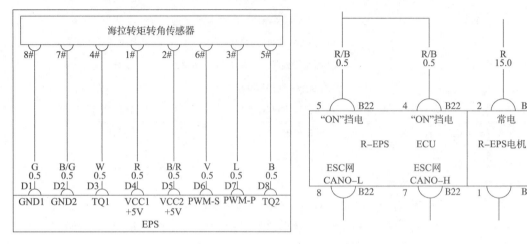

图 5-12 比亚迪 E5 纯电动汽车 R-EPS 转向力矩传感器电路接线

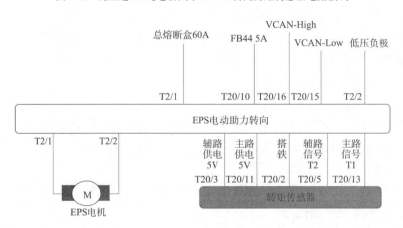

图 5-13 北汽 EV 车系电动汽车转向系统电动机电路

二、任务实施

(一) 工作准备

(1)防护装备:常规实训着装。

(2)车辆、台架、总成:比亚迪 E5 纯电动汽车或其他同类新能源车辆。

(3)专用工具、设备:汽车故障诊断仪、举升机或其他适用的设备。

(4)手工工具:组合工具。

(5)辅助材料:无。

(二)实施步骤

警告:在进行安全气囊的拆卸过程中必须断开蓄电池,避免发生危险。储存安全气囊时,必须使有标识的一面向上,避免发生偶然展开,造成损失。下面以比亚迪 E5 纯电动汽车为例,介绍新能源汽车电动助力转向总成的更换步骤。

1．拆卸电动助力转向总成

(1)断开转向万向节(图 5-14)。

①使车辆处于断电状态,车轮保持在正前方向,拆卸转向盘、万向节防尘罩总成,分离中间轴总成(中间轴及万向节)。

注:断开万向节前,必须拆除转向盘。否则,可能会损坏时钟弹簧。

②分离万向节防尘罩总成骨架卡子与车身的连接。

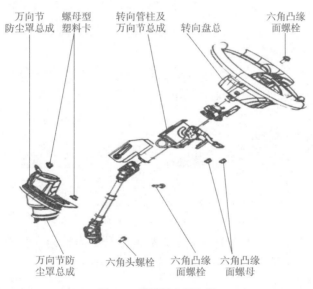

图 5-14　断开转向万向节

(2)分离左、右侧转向外拉杆(图 5-15),拆卸左前轮,拆掉摆臂与摆臂球头销总成的安装螺栓和螺母。

取下左侧外拉杆总成与转向节开口销,并拆下六角开槽螺母,从转向节上分离左侧外拉杆,用同样的方法分离右侧外拉杆。

(3)拆卸副车架及电动助力转向系统总成。

①用举升设备顶住副车架主体总成,拔下电源接插件及 CAN 信号接插件,拆掉副车架主体以及前副车架前、后安装支架与车身的 8 个连接螺栓,如图 5-16 所示。

②降落举升设备,副车架及电动助力转向系统总成随之落下。

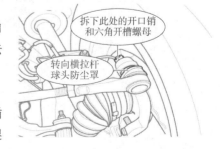

图 5-15　分离左、右侧转向外拉杆

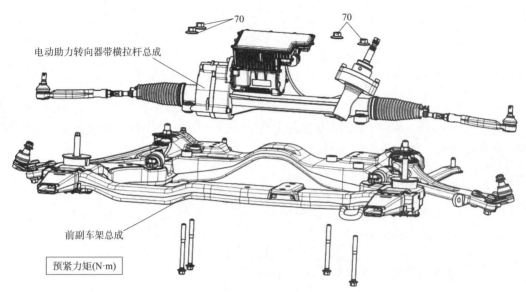

图 5-16 拆卸副车架及电动助力转向系统总成

注:图上 70 为固定电动助力转向器的 2 个螺母。

(4)分离电动助力转向总成。

①拆下横向稳定杆,从电动助力转向器带横拉杆总成上拆下万向节下防尘罩总成,在左右两侧外拉杆总成与内拉杆上做好装配标记(图 5-17)。

图 5-17 在左右两侧外拉杆总成与内拉杆上做好装配标记

注:图上 74 为两侧外拉杆与内拉杆锁紧螺母。

②拆卸左右两侧外拉杆,从前副车架总成拆下电动助力转向系统总成固定螺栓(4 个螺栓、4 个螺母),如图 5-18 所示,拆卸电动助力转向器带横拉杆总成。

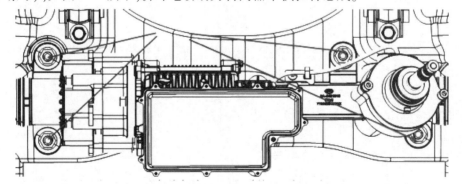

图 5-18 从前副车架总成拆下电动助力转向系统总成固定螺栓

2.安装电动助力转向总成

安装过程与拆卸过程相反。注意事项如下:

(1)将外拉杆总成连接到电动助力转向器上时,将拉杆锁紧螺母和左外拉杆总成连接到电动助力转向器上,直至装配标记对齐,用4个螺栓和4个螺母将电动助力转向器带横拉杆总成安装至前副车架总成上时,拧紧力矩为70N·m。

(2)安装万向节下防尘罩时,万向节下防尘罩圆孔与转向器壳体上的凸台对齐,以安装孔盖。

(3)左、右两侧外拉杆六角开槽螺母拧紧力矩为49N·m;如果开口销孔未对齐,将螺母进一步拧到对齐,并更换新的开口销,左右两侧车轮的拧紧力矩为120N·m。调整四轮定位,四轮定位完成后,拧紧左右外拉杆锁紧螺母,拧紧力矩为74N·m。

3.进行转角信号与转矩信号标定

标定转角、转矩信号前,禁止进行遥控驾驶操作,否则可能会引起严重损坏故障;用诊断仪进行标定操作时,将手离开转向盘,转向盘不能受外在力的影响,否则可能会引起严重损坏故障。

EPS的标定包括转矩信号标定和转角信号标定,具体步骤如下:

(1)保证轮胎压力正常,前轮朝正前方向,且转向盘居中。

(2)连接故障检测仪ED400,接通点火开关(不启动发动机),进入5A车型界面。

(3)依次选择"比亚迪EPS"→"转角信号标定"→"当前转角设为零点"进行转角信号标定。

(4)完成转角信号标定后,按任意键返回上一菜单,依次选择"转矩信号标定"→"当前转矩设为零点"进行转矩信号标定,完成转矩信号标定后,EPS系统标定完成。

注意:标定过程中,不要开关车门、机舱盖及行李舱盖,以免产生干扰。

4.清除故障码

重新上OK电,然后用诊断仪清除R-EPS系统故障码。

任务2　电动真空助力制动系统检修

📝 任务描述

一辆电动汽车制动力不足需要进行维修,客户反映制动踏板发硬,制动性能差,经汽车售后服务人员检查,确认制动系统电动真空泵损坏,更换电动真空泵后故障排除。请问你了解纯电动汽车电动真空助力制动系统吗?能够完成这项工作任务吗?

一、知识准备

(一)电动真空助力制动系统组成

当前,绝大多数的新能源汽车采用真空助力器式液压制动系统,通过人力和真空助力装置并用来提高施加在制动器上的作用力,如图 5-19 所示。

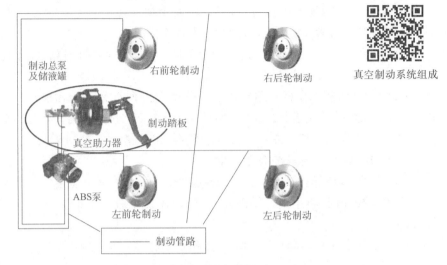

图 5-19　汽车真空助力器式液压制动系统组成

传统汽车真空助力装置的真空源来自发动机进气歧管,真空度负压一般可达到 0.05~0.07MPa。对于纯电动汽车,由于没有发动机总成即没有了传统的真空源,通常需要单独安装一个电动真空泵来为真空助力器提供真空源。这个助力系统就是电动真空助力系统,即 EVP(Electric Vacuum Pump,电动真空助力)系统,如图 5-20 所示。

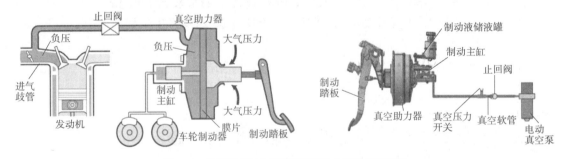

图 5-20　传统汽车与电动汽车真空助力装置的真空源

电动真空助力系统由真空泵、真空罐、真空泵控制器[一些车辆集成到整车控制器(VCU)或车身电子稳定控制器(ESC)里]以及真空助力器等组成,电动真空助力系统各部件在汽车上的安装位置如图 5-21 所示。

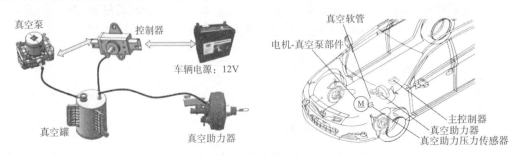

图 5-21　电动真空助力系统组成及各部件安装位置

下面介绍电动真空助力系统的主要组成元件。

(1) 电动真空泵。

电动真空泵由12V直流电动机和叶片式空气泵组成,如图5-22所示。电动真空泵的主要作用是将真空罐内的空气抽出,使真空罐获得真空状态;为真空助力器提供可靠的真空源,保证助力器内的真空度维持在一定的水平,为汽车行驶提供良好的制动效能,保障行车的安全性。

图5-22 电动真空泵结构

(2) 真空罐。

真空罐用于储存真空,并通过真空压力传感器感知真空度并把信号发送给真空泵控制器,如图5-23所示。

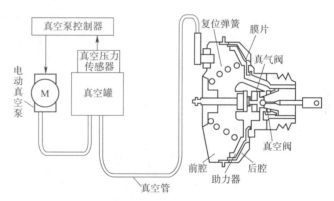

图5-23 真空罐(电线插头位置为真空压力传感器)

(3) 真空泵控制器。

真空泵控制器是电动真空系统的核心部件,根据真空罐真空压力传感器发送的信号控制真空泵工作。真空泵控制器安装位置及线路如图5-24所示。

(4) 真空压力传感器。

真空压力传感器将真空罐内真空压力转变成电信号发送给真空泵控制器,真空泵控制器以此信号控制真空泵工作。真空泵压力传感器电路与安装位置如图5-25所示。

(5) 制动深度传感器。

制动深度传感器安装在制动踏板上,其作用是根据制动力需求进行能量回馈控制。比亚迪 E6 纯电动汽车制动深度传感器安装位置与电路如图 5-26 所示。

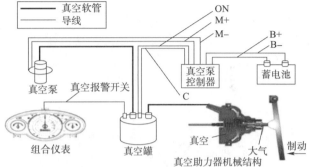

图 5-24　真空泵

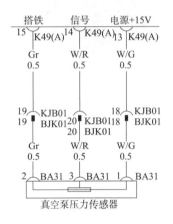

图 5-25　真空泵压力传感器电路与安装位置

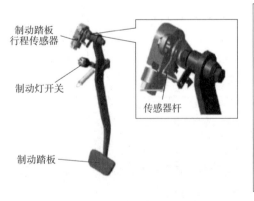

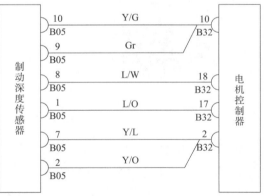

图 5-26　比亚迪 E6 纯电动汽车制动深度传感器安装位置与电路

（6）制动灯开关。

制动灯开关的作用是控制制动灯的开启和关闭，同时将制动信号送到 VCU 进行制动优先控制。制动灯开关安装在驾驶室内制动踏板支架上，用以判断制动踏板是否被踩下。制动灯开关安装位置与电路如图 5-27 所示。

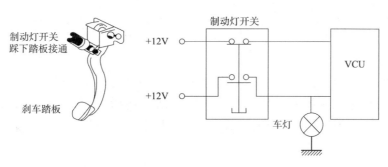

图 5-27 制动灯开关安装位置与电路

(7) 真空助力器。

真空助力器和制动主缸通过螺栓固定在车身前围上,推杆与制动踏板连接,伺服气室由前后壳体组成,其间夹装有膜片和座,它的前腔经止回阀通真空罐,后腔膜片座中装有控制阀,空气阀和推杆固定连接,橡胶阀门与在膜片座上加工出来的阀座组成真空阀,真空助力器利用前后腔的压差提供助力。当驾驶人踩下制动时,真空阀先封闭,前腔和后腔隔闭;之后空气阀打开,后腔与大气相通。在压力差下,推动膜片移动,实现将驾驶人踩的力增大,实现助力作用。真空助力器结构示意图如图 5-28 所示。

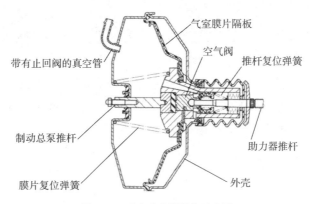

图 5-28 真空助力器结构示意图

(二) 电动真空泵控制策略与原理

1. 真空泵起动策略

当驾驶人起动车辆时,12V 电源接通,集成控制器(VCU)开始自检,如果真空压力传感器检测到真空罐内的真空度小于设定值,则控制电动真空泵开始工作;当真空压力传感器检测到真空罐内真空度大于设定值时,控制器延时 15s 左右后,停止电机工作。当真空罐内的真空度因制动消耗,真空度小于设定值时,集成控制器(VCU)控制电动真空泵再次开始工作,如此循环。真空泵控制原理如图 5-29 所示。

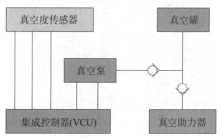

图 5-29 真空泵控制原理

2. 真空泵工作原理

比亚迪 E5 纯电动汽车制动助力系统主要由制动真空助力器、真空软管、压力传感器、电动真空泵、主控制器等组成。

比亚迪 E5 纯电动汽车真空泵控制电路如图 5-30 所示,电动真空泵由主控制器通过继电器进行控制,主控制器采集真空度压力传感器、制动信号、冷却液温度信号及空调信号等,控制电子水泵冷却循环系统、双散热风扇系统工作。主控制器控制真空泵启停条件如下:

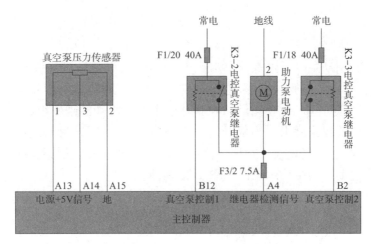

图 5-30 比亚迪 E5 纯电动汽车真空泵控制电路

当车速低于 60km/h 时,真空度低于 60kPa 时启动真空泵,达到 75kPa 时,控制器延时 10s 关闭真空泵;当车速高于或等于 60km/h 时,真空度低于 70kP 启动真空泵,达到 75kPa 时控制器延时 10s 关闭真空泵。

(三) 电动真空助力制动系统电气部件检测

1. 真空泵检测

当发现真空泵不转故障时,可采用直接连接电源方法检查电机是否运转;若运转,应检查熔断丝是否熔断、线路是否短路、控制器是否损坏、蓄电池是否亏电、线路是否断路、控制器是否损坏,若不运转,可检测真空泵电动机绕组电阻。真空泵电动机结构如图 5-31 所示。

图 5-31 真空泵电动机结构

用万用表测电机正负引脚,阻值无穷大为绕组断路,阻值为 0 或小于标准值为绕组短路;阻值正常,应为真空泵卡滞或定子永磁铁失磁。对于正负双线引出的电机,还应检测电机插座正负引脚与真空泵机壳是否有短路现象。此外,检查插接头是否接反,检查电源插座的地线是否真实与地连接等。

2. 制动深度传感器检测

比亚迪 E5 纯电动汽车制动深度传感器电路如图 5-32 所示。制动深度传感器的 2 条 5V

电源线由电机控制器提供(连接器 B05 的 2 号和 7 号端子)。制动深度传感器(连接器 B05 的 9 号和 10 号端子)的 2 条负极线通过电机控制器内部接地,2 条信号线分别输出与制动踏板行程变化成正、反比的电压,而两者电压之和近似是 5V。

将点火开关置于"ON"位置,用万用表电压挡测量导线连接器中传感器各端和接地端 E2 之间的电压,检测结果应符合图 5-32 的要求。

端子	条件	正常值
B05-1→车身地	不踩制动踏板	约0.66V
B05-1→车身地	制动踏板踩到底	约4.45V
B05-8→车身地	不踩制动踏板	约4.34V
B05-8→车身地	制动踏板踩到底	约0.55V
B05-2→车身地	"ON"挡电	约5V
B05-7→车身地	"ON"挡电	约5V
B05-9→车身地	"ON"挡电	小于1V
B05-10→车身地	"ON"挡电	小于1V

图 5-32 制动深度传感器电路与检测数据

3. 真空度压力传感器检测

(1) 传感器电源电压的检测。

比亚迪 E5 纯电动汽车真空泵压力传感器电路如图 5-33 所示。将点火开关置于"OFF"位置,拔下真空度压力传感器的导线连接器;将点火开关置于"ON"位置,用万用表电压挡测量导线连接器中电源端 VCC 和接地端 E2 之间的电压。其电压值应为 4.5~5.5V。如有异常,应检查压力传感器与 ECU 之间的线路是否导通。若断路,应更换或修理线束。

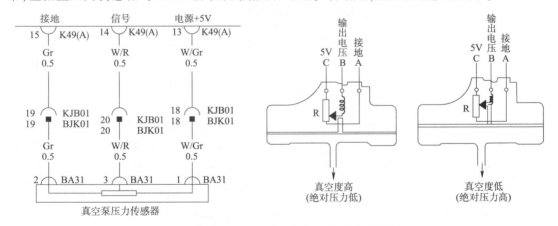

图 5-33 比亚迪 E5 纯电动汽车真空泵压力传感器电路

(2) 传感器输出电压的检测。

接通点火开关,脱开一侧的真空软管,用万用表电压挡测量压力传感器信号 3 与接地 2 端子间在大气压力状态下的输出电压,并记下这一电压值,用手提式真空泵向进气压力传感器内施加真空,从 13.3kPa(100mmHg)起,每次递增 13.3kPa(100mmHg),一直增加到 66.7kPa(500mmHg)为止,测量在不同真空度下传感器信号 3 与接地端子间的输出电压。该电压应能随真空度的增大而不断上升。将不同真空度下的输出电压下降量与标准值相比较,如不符,应更换压力传感器。

(3)传感器搭铁线检测:插头2脚(负极)与接地间的接地电阻应为0Ω。

(4)制动开关检测。

比亚迪E5纯电动汽车制动开关电路如图5-34所示。将点火开关置于"OFF"位置,拔下制动开关导线连接器,用万用表电阻挡测量制动开关导线连接器中插脚之间的电阻。

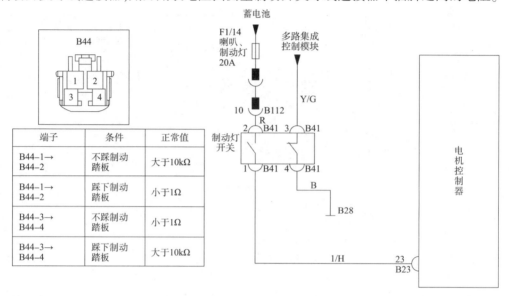

图5-34 比亚迪E5纯电动汽车制动开关电路与检测数据

(四)电动真空助力制动系统故障诊断方法

电动真空助力制动系统的故障现象主要包括:真空泵不转;真空度抽至上限设定值而电机不停转或真空泵工作但真空度达不到设定值。真空助力制动系统出现故障通常会报故障码,并点亮故障警示灯。以吉利帝豪EV450为例,其故障诊断方法如下。

1. 吉利帝豪EV450电动真空助力系统控制电路原理

如图5-35所示,高压上电后,ESC控制器控制真空泵继电器动作,让真空泵开始工作,当真空罐压力达到70kPa以上时,真空罐压力传感器发出信号到ESC控制器,使真空泵停止工作。当真空罐内真空度下降到50kPa以下,真空罐压力传感器发出信号使ESC控制器再次控制真空泵工作,如此循环。VCU通过CAN线采集真空罐压力传感器信息,当踩下制动踏板,VCU通过CAN线监测到真空罐压力不足55kPa,就会给组合仪表发出信号触发仪表报警,若8s后真空仍未恢复到55kPa以上,会向MCU(驱动电机控制器)发送信号,让车辆限速行驶。

2. 制动真空泵、控制系统功能诊断

(1)车辆静止状态下打开启动开关("ON"挡),完全踩下制动踏板,踩踏3次。真空泵应正常启动,当真空度到达设定值时,电机应停止工作。

(2)制动真空泵运转5min后(反复踩踏制动踏板至真空泵连续运转几次),观察真空泵有无异响、异味及真空泵控制系统插接件及连接线有无变形发热。如果真空泵出现异响、异味,有可能是真空泵内部严重磨损造成的。

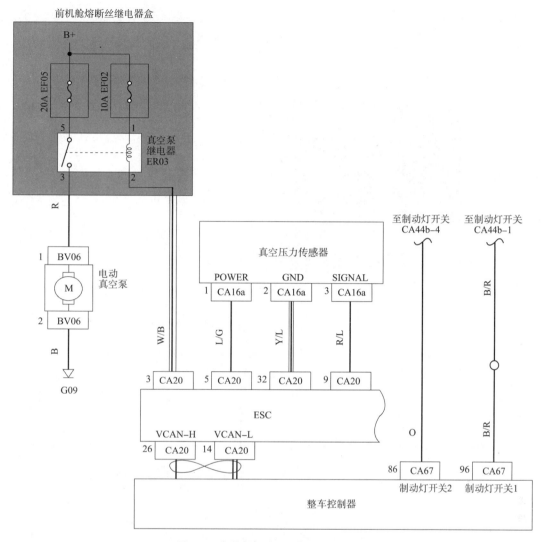

图 5-35 吉利帝豪 EV450 真空泵控制电路

制动系统正常工作时,制动踏板踩下后会造成真空管路的真空度降低。由于真空泵会保持真空度在 50~70kPa 之间,当 ESC 控制器接收到真空压力传感器信号,判断此时压力不在保持压力范围内时,则会自动启动真空泵运转。如果可听到真空泵运转的"嗡嗡"声,并在 3~4s 停止运转,可判断系统一切正常;反之初步判断系统工作不正常。

3. 管路接头检测

(1)在制动真空泵工作时,检查连接软管有无漏气现象,如有漏气需立即更换。

(2)检查制动真空泵与软管、制动真空罐与软管等各气管连接处有无破损或泄漏,如有破损或泄漏,需立即更换。

4. 连接诊断仪,读取故障码及数据流

通过故障诊断仪读取故障码和系统的数据流,根据具体数值判断系统可能出现的故障原因。

5. 根据电路图分析故障

如图 5-36 所示，根据电路图检查电源、接地、控制模块、传感器以及真空泵等电路工作是否正常。

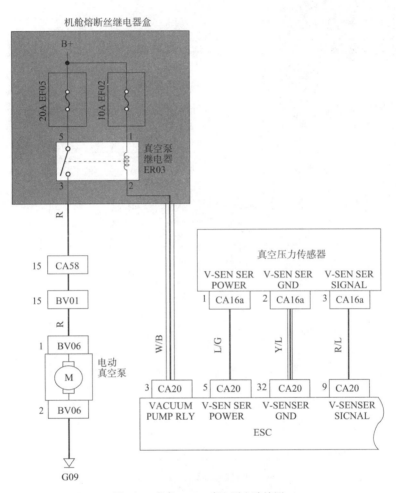

图 5-36　帝豪 EV450 真空泵电路检测

（1）检查机舱内熔断丝盒的 EF05/EF02 号熔断丝是否熔断，检查真空泵继电器 ER03 是否良好。

（2）测量 ESC 控制器与真空压力传感器连接的 5 号、32 号和 9 号端子，判断真空压力传感器的电源信号及信号线的通断情况，测量 ESC 控制器 3 号端子与继电器 ER03 是否连接良好。

（3）测量电动真空泵的接线端子，判断真空泵电源及接地是否正常。

（4）电气或真空泵等故障排除后，一定要进行常规的制动系统检查。除对制动盘和制动摩擦片等进行检查外，还需要将对真空助力制动管路及连接插头进行重点检查，其检查与故障排除方法与传统燃油车基本相同。在车辆故障排除后，仪表显示"READY"同时在启动时，能听到电动真空泵的运转声，表示车辆完全恢复正常。

二、任务实施

(一) 工作准备

(1) 防护装备：常规实训着装。
(2) 车辆、台架、总成：吉利 EV450、比亚迪 E5 纯电动汽车或其他同类新能源车辆。
(3) 专用工具、设备：万用表、汽车故障诊断仪或其他适用的设备。
(4) 手工工具：组合工具。
(5) 辅助材料：无。

(二) 实施步骤

(1) 使用万用表测量辅助蓄电池电压，红黑表笔分别接蓄电池正负接线柱，如图 5-37a) 所示。

(2) 检测电动真空泵供电线路：打开起动开关，使用万用表检测电动真空泵供电熔断丝 EF02(10A)、EF05(20A) 技术状况(正常状态下：熔断丝上、下游电压均为 11～14V，拔出熔断丝，熔断丝电阻 <1Ω)，如图 5-37b) 所示。

图 5-37　辅助蓄电池电压测量与真空泵电路供电熔断丝的检测

(3) 检测电动真空泵插接器 BV06 的供电情况：打开起动开关，使用万用表检测电动真空泵插接器 BV06 端子 1 和 2 之间的电压，正常情况当踩踏制动踏板，应有 11～14V 电压；若无电压，说明电动真空泵没有供电，如图 5-38a) 所示。

(4) 检测电动真空泵继电器 ER03 技术状况：打开起动开关拔下电动真空泵继电器 ER03，使用万用表测量继电器 ER03 插脚 85 和 86 间阻值应在 80Ω 左右，如图 5-38b) 所示。人为在插脚 85 和 86 加 12V 电压，测量插脚 30 和 87 测量阻值应小于 1Ω。

(5) 测量机舱保险盒 ER03 继电器插孔 85 和 30 应有 11～14V 电压，关闭起动开关线路，测量 ER03-86 至 CA20-3 间线路、ER03-87 至 BV06-1 间线路、BV06-1 至车身地之间，电阻应小于 1Ω。

(6) 检测电动真空泵电机技术状况：使用万用表检测电动真空泵电机线圈电阻应小于 1Ω，若电阻为 0 或无穷大则说明电机损坏，如图 5-39 所示。

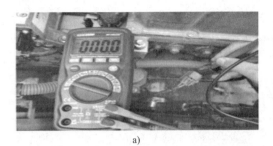

图 5-38　真空泵供电与控制继电器检测

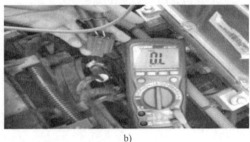

图 5-39　真空泵控制继电器插孔与真空泵电机检测

图 5-40　拆卸真空泵

(7) 更换电动真空泵：松开电动真空泵真空管路接口卡子，断开电动真空泵真空管，拆卸电动真空泵固定螺栓，取下电动真空泵，如图 5-40 所示。

(8) 安装新的电动真空泵：安装电动真空泵 2 个固定螺栓，使用扭力扳手以 9N·m 力矩拧紧固定螺栓，装复真空管；装复电动真空泵线束插接器 BV06。

(9) 打开点火开关，踩制动踏板测试助力效果。连接诊断仪，进入系统选择车型。进入整车控制及 ESC 系统，读取故障码，清除故障码，再次读取故障码，并确认无故障码。返回系统主菜单，关闭诊断仪。

思政教育

工匠精神是一种职业精神，它是职业道德、职业能力、职业品质的体现，是从业者的一种职业价值取向和行为表现。"工匠精神"的基本内涵包括敬业、精益、专注、创新等方面的内容。

工匠精神代表人物事迹之五——大国工匠徐立平

徐立平，中国航天科技集团公司第四研究院 7416 厂高级技师。在火药上动刀，稍有不慎蹭出火花，就可能引起燃烧爆炸。目前，火药整形在全世界都是一个难题，无法完全用机器代替。下刀的力道,完全要靠工人自己判断,药面精度是否合格,直接决定导弹的精准射程。

0.5mm 是固体发动机药面精度允许的最大误差,而经徐立平之手雕刻出的火药药面误差不超过 0.2mm,堪称完美。为了杜绝安全隐患,徐立平还自己设计发明了 20 多种药面整形刀具,其中两种获得国家专利,一种还被单位命名为"立平刀"。由于长年一个姿势雕刻火药,加之火药中毒后遗症,徐立平的身体变得向一边倾斜,头发也掉了大半。28 年来,他冒着巨大的危险雕刻火药,被人们誉为"大国工匠"。

1989 年,我国重点型号发动机研制进入攻坚阶段,一台即将试车的车辆发动机火药出现裂纹,为了不影响后续的研制进度,同时为不可逆的发动机装药探索补救方式,专家组决定,首次探索就地挖药。整形师要钻进翻个身都很难的发动机狭小的药柱里,一点一点挖开填注好的火药,寻找问题部位。在无比艰难的两个多月里,徐立平和队友们挖出了 300 多千克药,且成功排除发动机故障,但长时间在密闭空间里接触火药,火药的毒性发作使徐立平的双腿失去知觉,后来经大强度的物理训练才逐渐恢复。像这样危险的任务,徐立平已不记得完成多少次了。

从 1987 年参加工作,他就一直从事极其危险的航天发动机固体动力燃料药面微整形工作,被称为"在炸药堆里工作"。30 年来,徐立平因其精湛技艺、敬业态度和奉献精神而被赞誉为"雕刻火药的大国工匠",先后被评为和授予航天固体动力事业 50 年"十大感动人物""三秦楷模"、中华技能大奖、全国五一劳动奖章、2015 年度"感动中国"人物等荣誉。

28 年过去了,徐立平已不再年轻,同时期进厂的工友们都已离开或调换岗位,只有徐立平一直坚守,有人问他为什么,他说:"危险的岗位总得有人去干啊!"

习题

一、填空题

1. EPS 一般由机械转向系统加上_____传感器、_____传感器、_____传感器、_____控制单元、_____电机、_____器等组成。

2. 转矩传感器用来检测_____转矩的大小和方向,以及转向盘_____的大小和方向,它是 EPS 的控制信号之一。

3. 电动真空助力系统由_____泵、_____罐、真空泵控制器以及与传统汽车相同的真空_____器及 12V 电源组成。

4. 比亚迪 E5 纯电动汽车电动真空泵由主控制器采集_____传感器信号控制_____,控制真空泵启停。

二、判断题

1. 液压式电控动力转向和电动式动力转向助力都是将电动机动力直接传到转向机上。( )

2. EPS 控制器不根据车速传感器信号控制转向电动机提供转向助力。( )

3. 电动真空泵主要作用是将真空罐内的空气抽出，为真空助力器提供可靠的真空源。
（　　）

4. 车辆静止状态下打开钥匙开关（"ON"挡），只有完全踩下制动踏板时真空泵才正常启动。
（　　）

三、选择题

1. 纯电动汽车EPS具有转向助力随车速逐渐增大，助力转矩（　　）的功能。
   A. 变小　　　　B. 变大　　　　C. 不变　　　　D. 变大或变小

2. 汽车转向时，EPS电子控制单元根据车速传感器和（　　）传感器的信号决定电机旋转方向和助力力矩的大小。
   A. 真空压力　　B. 加速踏板　　C. 制动踏板　　D. 力矩-转角

3. 电动真空助力制动系统中电动真空泵的工作是由（　　）传感器信号决定的。
   A. 制动踏板　　B. 加速踏板　　C. 真空度压力　　D. 车速

4. 在电动真空助力制动系统中真空助力器与真空罐之间通过（　　）连接，进行真空助力。
   A. 控制器　　　B. 导线　　　　C. 胶管或金属管　　D. CAN总线

任务工单

项目一　整车控制系统检测与维修

任务1　整车控制系统故障处理

学生姓名		班级		学号	
实训场地		学时		日期	
客户任务	有一辆纯电动汽车,踩制动踏板,打开点火开关后,组合仪表点亮正常,可运行指示"READY"灯无法正常点亮,辅助蓄电池指示灯、整车系统故障指示灯点亮,挡位无法切换至D挡或R挡,诊断仪无法与车辆通信。经技术人员检查为整车控制器故障,需要更换整车控制器。你了解新能源汽车整车控制系统吗?是否能完成更换整车器这个任务?				
工作准备	(1)防护装备:常规实训着装。 (2)车辆台架总成:吉利EV纯电动汽车或其他同类新能源汽车。 (3)专用工具、设备:万用表、汽车故障诊断仪。 (4)手工工具:组合工具。 (5)辅助材料:无				
任务要求	(1)能够识别整车控制系统组成。 (2)能够认识和更换整车控制器。 (3)能够检查和排除整车控制系统的故障				

请阅读教材中的"相关知识"完成以下内容。
(1)整车控制系统在电动汽车中的主要作用是什么?

_____

_____

_____

(2)整车控制策略的内容是什么?

_____
_____

(3)整车控制器的常见故障有哪些?

_____
_____
_____

📓 计划和决策

请根据任务要求,确定所需要的场地和物品,并对小组成员进行合理分工,制订详细的工作计划。

一、制订人员分工

小组编号:_____ 小组组长:_____
小组成员:_____ 你的任务:_____

二、检查场地与物品

检查并记录完成任务需要的场地、设备、工具及材料。

1. 场地

检查工作场地是否清洁及存在安全隐患,如不正常,请向教师汇报并及时处理。
记录:_____

2. 车辆、充电桩及其他

(1)车辆:_____
(2)充电桩:_____
(3)其他:_____

3. 防护装备、设备及工具

(1)防护装备:_____
(2)设备及工具:_____

4. 安全要求及注意事项

(1)实训汽车停在实训工位上,没有经过教师批准不可起动。经教师批准起动前,首先应先检查车轮的安全顶块是否放好,驻车制动器操纵杆是否拉好,变速器操纵杆是否放在P挡位置上,确认车前是否有人。

(2)禁止触碰任何带安全警示标识的部件。

(3)实训期间禁止嬉戏打闹。

三、制订工作方案

根据任务,小组进行讨论,确定工作方案(流程/工序),并记录。

_____
_____

实施和检查

(1)根据制订的计划实施,完成以下任务并记录。

_____
_____

本操作任务主要是在掌握新能源汽车整车控制器的常见故障与处理方法。

在学习理论知识基础上,对整车控制系统及整车控制器进行认识,对整车控制器进行故障诊断、更换与编程、设置,并完成下面的表格(在操作完成项目上打"√")。

实施类别	内容	方法	完成情况	
			项目	使用工具
整车控制器认知	整车控制器位置	观察并记录		
	整车控制器电路识别	查阅资料并记录		
整车控制器的更换	安全防护	检查并视情况处理		
	翻开机舱盖	检查并视情况处理		
	12V 蓄电池断电	检查并视情况处理		
	动力蓄电池断电	检查并视情况处理		
	断开整车控制器线束连接器	检查并视情况处理		
	拆卸整车控制器固定螺栓,取出整车控制器	检查并视情况处理		
	拆下整车控制器	检查并视情况处理		
	安装整车控制器,紧固固定螺栓	按原厂规定		
	连接整车控制器线束连接器(注意:一插、二响、三确认)	检查并视情况处理		
	安装负极并紧固蓄电池负极电缆固定螺栓	检查并视情况处理		
	起动汽车上电	检查并视情况处理		

181

续上表

实施类别	内容	方法	完成情况	
			项目	使用工具
整车控制器编程和设置	安全防护	检查并视情况处理		
	蓄电池电压检查	检查并视情况处理		
	诊断仪连接至OBD诊断接口	检查并视情况处理		
	按步骤进行编程和设置	检查并视情况处理		

（2）纯电动汽车整车控制器检测操作。

根据实训室配置，进行纯电动汽车整车控制器的故障诊断与更换操作。

①整车控制器电源与搭铁线路检查。

记录：_____

②整车控制器数据流读取。

记录：_____

评估

根据任务完成情况，学生自我评分。教师或指定组长过程巡视/验收检查时若发现问题直接扣分。

项目评估(分)	自我评估	小组评估	教师评估
资讯(5)			
计划和决策(5)			
实施和检查(10)			
合计(20)			
总评			

教师签名：_____

任务2 整车总线通信系统检修

学生姓名		班级		学号	
实训场地		学时		日期	
客户任务	一辆纯电动汽车,客户反映无法上电,起动后车辆无法正常行驶;使用汽车故障诊断仪检测,结果显示与多个控制单元无法通信,判断应该是控制单元故障或CAN总线故障,对CAN总线进行详细诊断				
工作准备	(1)防护装备:常规实训着装。 (2)车辆台架总成:吉利EV、比亚迪纯电动汽车或其他同类新能源汽车。 (3)专用工具、设备:汽车示波器、万用表、汽车故障诊断仪。 (4)手工工具:组合工具。 (5)辅助材料:无				
任务要求	(1)能够识别CAN总线。 (2)能够熟练掌握示波器的使用。 (3)能够检查和排除CAN总线故障				

请阅读教材中的"相关知识"完成以下内容。
(1)CAN总线在电动汽车中的主要作用是什么?

(2)什么是CAN总线?

(3)CAN总线都包括哪些部分?

(4)什么是LIN总线?

计划和决策

请根据任务要求,确定所需要的场地和物品,并对小组成员进行合理分工,制订详细的工作计划。

一、制订人员分工

小组编号:＿＿＿＿＿＿＿＿＿＿＿＿＿ 小组组长:＿＿＿＿＿＿＿＿＿＿＿＿＿

小组成员:＿＿＿＿＿＿＿＿＿＿＿＿＿ 你的任务:＿＿＿＿＿＿＿＿＿＿＿＿＿

二、检查场地与物品

检查并记录完成任务需要的场地、设备、工具及材料。

1. 场地

检查工作场地是否清洁及存在安全隐患,如不正常,请向教师汇报并及时处理。

记录:＿＿＿＿＿＿＿＿＿＿＿＿＿＿＿＿＿＿＿＿＿＿＿＿＿＿＿＿＿＿＿＿＿＿＿

2. 车辆、充电桩及其他

(1)车辆:＿＿＿＿＿＿＿＿＿＿＿＿＿＿＿＿＿＿＿＿＿＿＿＿＿＿＿＿＿＿＿＿＿

(2)充电桩:＿＿＿＿＿＿＿＿＿＿＿＿＿＿＿＿＿＿＿＿＿＿＿＿＿＿＿＿＿＿＿＿

(3)其他:＿＿＿＿＿＿＿＿＿＿＿＿＿＿＿＿＿＿＿＿＿＿＿＿＿＿＿＿＿＿＿＿＿

3. 防护装备、设备及工具

(1)防护装备:＿＿＿＿＿＿＿＿＿＿＿＿＿＿＿＿＿＿＿＿＿＿＿＿＿＿＿＿＿＿＿

(2)设备及工具:＿＿＿＿＿＿＿＿＿＿＿＿＿＿＿＿＿＿＿＿＿＿＿＿＿＿＿＿＿＿

4. 安全要求及注意事项

(1)实训汽车停在实训工位上,没有经过教师批准不可起动。经教师批准起动前,首先应先检查车轮的安全顶块是否放好,驻车制动器操纵杆是否拉好,变速器操纵杆是否放在 P 挡位置上,确认车前是否有人。

(2)禁止触碰任何带安全警示标识的部件。

(3)实训期间禁止嬉戏打闹。

三、制订工作方案

根据任务,小组进行讨论,确定工作方案(流程/工序),并记录。

＿＿

＿＿

＿＿

实施和检查

(1)根据制订的计划实施,完成以下任务并记录。

_____

_____

本操作任务主要是认识新能源汽车网络系统和掌握 CAN 总线总线的检测方法。

在学习理论知识基础上,对整车 CAN 总线及控制器连接情况进行认识,对整车 CAN 总线系统进行检测,并完成下面的表格(在操作完成项目上打"√")。

实施类别	内容	方法	完成情况	
			项目	使用工具
CAN 总线与 LIN 线识别	12V 蓄电池断电	检查并视情况处理		
	CAN 总线连接线束插接件查找(3 个以上)	观察并记录		
	LIN 线连接线束插接件查找(2 个以上)	观察并记录		
CAN 总线电压测量	蓄电池电压检查	检查电量并视情况处理		
	检测 CAN-High 对地电压	观察并记录		
	检测 CAN-Low 对地电压	观察并记录		
CAN 总线波形测量	安全防护	检查并视情况处理		
	12V 蓄电池状态	检查并视情况处理		
	示波器调试	检查并视情况处理		
	示波器通道选择	检查并视情况处理		
	检测端子选择	检查并视情况处理		
	波形调整	检查并视情况处理		
	波形情况判断	检查并视情况处理		

(2)纯电动汽车 CAN 总线网络结构认知与终端电阻检测任务操作。

根据实训室配置,进行新能源汽车 CAN 总线进行检测操作。

①根据实训车型电路图认识整车 CAN 总线网络结构。

记录:_____

②利用万用表通过网关控制器或 OBD 诊断口对 CAN 总线终端电阻测量。

记录:_____

评估

根据任务完成情况,学生自我评分。教师或指定组长过程巡视/验收检查时若发现问题直接扣分。

项目评估(分)	自我评估	小组评估	教师评估
资讯(5)			
计划和决策(5)			
实施和检查(10)			
合计(20)			
总评			

教师签名:_____

任务3　整车车身控制系统的检修

学生姓名		班级		学号	
实训场地		学时		日期	
客户任务	有一辆纯电动汽车,打开点火开关,起动车辆,组合仪表只有一个小汽车标识点亮,可运行指示"READY"灯不亮,应急灯一直闪烁。经技术人员检查认为是车身控制系统故障,更换车身控制器后故障排除				
工作准备	(1)防护装备:常规实训着装。 (2)车辆台架总成:吉利纯电动汽车或其他同类新能源汽车。 (3)专用工具、设备:万用表、汽车故障诊断仪。 (4)手工工具:组合工具。 (5)辅助材料:无				
任务要求	(1)能够识别车身控制系统组成。 (2)能够认识和更换车身控制器。 (3)能够检查和排除车身控制系统的故障				

资讯

请阅读教材中的"相关知识"完成以下内容。

(1)简述电动汽车车身控制系统的组成。

_____

_____

(2)电动汽车车身控制器有哪些功能?

_____

_____

(3)简述电动汽车智能钥匙进入和起动系统组成。

_____

_____

_____

计划和决策

请根据任务要求,确定所需要的场地和物品,并对小组成员进行合理分工,制订详细的工作计划。

一、制订人员分工

小组编号:_____ 小组组长:_____
小组成员:_____ 你的任务:_____

二、检查场地与物品

检查并记录完成任务需要的场地、设备、工具及材料。

1. 场地

检查工作场地是否清洁及存在安全隐患,如不正常,请向教师汇报并及时处理。

记录:_____

2. 车辆、充电桩及其他

(1)车辆:_____

(2)充电桩:_____

(3)其他:_____

3. 防护装备、设备及工具

(1)防护装备:_____

(2)设备及工具:_____

4. 安全要求及注意事项

(1)实训汽车停在实训工位上,没有经过教师批准不可起动。经教师批准起动前,首先应先检查车轮的安全顶块是否放好,驻车制动器操纵杆是否拉好,变速器操纵杆是否放在P挡位置上,确认车前是否有人。

(2)禁止触碰任何带安全警示标识的部件。

(3)实训期间禁止嬉戏打闹。

三、制订工作方案

根据任务,小组进行讨论,确定工作方案(流程/工序),并记录。

_____
_____

实施和检查

(1)根据制订的计划实施,完成以下任务并记录。

_____
_____

本操作任务主要是认识新能源汽车车身控制器,掌握车身控制器的更换方法。

在学习理论知识基础上,对电动汽车车身控制系统及车身控制器进行认识,对车身控制器进行更换与编程和设置,并完成下面的表格(在操作完成项目上打"√")。

实施类别	内容	方法	完成情况	
			项目	使用工具
车身控制器的认知	车身控制器位置	观察并记录		
	车身控制器电路识别	观察并记录		
整车控制器的更换	安全防护	检查并视情况处理		
	翻开机舱盖	检查并视情况处理		
	12V 蓄电池断电	检查并视情况处理		
	断开车身控制器线束连接器	检查并视情况处理		
	拆卸车身控制器固定螺母,取出整车控制器	检查并视情况处理		
	拆下车身控制器	检查并视情况处理		
	安装车身控制器,紧固固定螺母	按原厂规定		
	连接车身控制器线束连接器	检查并视情况处理		
	安装蓄电池负极	检查并视情况处理		
	紧固蓄电池负极电缆固定螺母	按原厂规定		
	关闭蓄电池负极电缆保护盖	检查并视情况处理		
	起动汽车上电	检查并视情况处理		
车身控制器匹配与检查	安全防护	检查并视情况处理		
	蓄电池电压检查	检查并视情况处理		
	诊断仪连接至 OBD 诊断接口	检查并视情况处理		
	按步骤进行设置	检查并视情况处理		
	起动汽车上电	检查并视情况处理		
	仪表显示状态	观察并记录		
	故障诊断系统报警检测	检查并视情况处理		

(2)纯电动汽车车身控制器故障与处理任务操作。

根据实训室配置,进行纯电动汽车车身控制器的故障诊断操作。

①电动汽车车身控制器(BCM)电源电路检测。

记录:_____

②电动汽车车身控制器照明控制系统数据流读取与功能测试。

记录:_____

评估

根据任务完成情况,学生自我评分。教师或指定组长过程巡视/验收检查时若发现问题直接扣分。

项目评估(分)	自我评估	小组评估	教师评估
资讯(5)			
计划和决策(5)			
实施和检查(10)			
合计(20)			
总评			

教师签名:_____

项目二 高压电源系统检测与维修

任务1 整车高压电源配电检修

学生姓名		班级		学号	
实训场地		学时		日期	
客户任务	有一辆纯电动汽车,踩制动踏板后,打开点火开关,组合仪表点亮正常,可运行指示"OK"灯无法正常点亮。经技术人员检查认为是高压电源配电故障,将此车交给你进行维修处理,你了解电动汽车高压电源配电系统吗?是否能排除此故障?				
工作准备	(1)防护装备:常规实训着装、绝缘鞋、绝缘手套。 (2)车辆台架总成:比亚迪 EV 纯电动汽车或其他同类新能源汽车。 (3)专用工具、设备:万用表、汽车故障诊断仪。 (4)手工工具:组合工具。 (5)辅助材料:无				
任务要求	(1)能够识别高压电源管理系统与配电装置的组成。 (2)能够认识和更换蓄电池管理器。 (3)能够检查和排除高压电源配电系统的故障				

资讯

请阅读教材中的"相关知识"完成以下内容。

(1)简述电动汽车动力蓄电池系统的组成。

(2)蓄电池管理系统有哪些功能?

(3)高压配电箱(盒)组成有哪些?

新能源汽车整车控制技术

计划和决策

请根据任务要求,确定所需要的场地和物品,并对小组成员进行合理分工,制订详细的工作计划。

一、制订人员分工

小组编号:_____　　小组组长:_____
小组成员:_____　　你的任务:_____

二、检查场地与物品

检查并记录完成任务需要的场地、设备、工具及材料。

1. 场地

检查工作场地是否清洁及存在安全隐患,如不正常,请向教师汇报并及时处理。

记录:_____

2. 车辆、充电桩及其他

(1) 车辆:_____

(2) 充电桩:_____

(3) 其他:_____

3. 防护装备、设备及工具

(1) 防护装备:_____

(2) 设备及工具:_____

4. 安全要求及注意事项

(1) 实训汽车停在实训工位上,没有经过教师批准不可起动。经教师批准起动前,首先应先检查车轮的安全顶块是否放好,驻车制动器操纵杆是否拉好,变速器操纵杆是否放在 P 挡位置上,确认车前是否有人。

(2) 禁止触碰任何带安全警示标识的部件。

(3) 实训期间禁止嬉戏打闹。

三、制订工作方案

根据任务,小组进行讨论,确定工作方案(流程/工序),并记录。

_____

_____

_____

实施和检查

(1)根据制订的计划实施,完成以下任务并记录。

_____

_____

本操作任务主要是认识电动汽车蓄电池管理系统和高压配电装置,掌握蓄电池管理器的更换方法。

在学习理论知识基础上,对电动汽车蓄电池管理系统与高压配电装置进行认识,并进行蓄电池管理器的更换,并完成下面的表格(在操作完成项目上打"√")。

实施类别	内容	方法	完成情况	
			项目	使用工具
蓄电池管理器与高压配电装置认知	蓄电池管理器位置	观察并记录		
	蓄电池管理器电路识别	观察并记录		
	高压配电箱位置	观察并记录		
	高压配电箱电路识别	观察并记录		
蓄电池管理器的更换	安全防护	检查并视情况处理		
	12V蓄电池断电	检查视情况处理		
	动力蓄电池断电	检查并视情况处理		
	动力蓄电池断电	检查并视情况处理		
	断开蓄电池管理器线束连接器	检查并视情况处理		
	拆卸蓄电池管理器固定螺母	检查并视情况处理		
	拆下蓄电池管理器	检查并视情况处理		
	安装蓄电池管理器,紧固固定螺母	按原厂规定		
	连接蓄电池管理器线束连接器	检查并视情况处理		
	安装蓄电池负极	检查并视情况处理		
	紧固蓄电池负极电缆固定螺母	按原厂规定		
	对蓄电池管理器进行容量标定	观察并记录		
	起动汽车上电	检查并视情况处理		

（2）纯电动汽车蓄电池管理器电源检测与配电箱控制电路认识与检测操作。

根据实训室配置，进行蓄电池管理器与配电箱检测操作。

①电动汽车蓄电池管理器电源电路检查。

记录：_____

②配电箱主接触器控制电路检测。

记录：_____

评估

根据任务完成情况，学生自我评分。教师或指定组长过程巡视/验收检查时若发现问题直接扣分。

项目评估(分)	自我评估	小组评估	教师评估
资讯(5)			
计划和决策(5)			
实施和检查(10)			
合计(20)			
总评			

教师签名：_____

任务2　整车电源充电系统检修

学生姓名		班级		学号	
实训场地		学时		日期	
客户任务	客户描述：一辆纯电动汽车，在打开点火开关以后低压蓄电池报警指示灯点亮，连接交流充电桩充电，车辆无法充电，更换车载充电机后，故障排除				
工作准备	(1)防护装备：常规实训着装、绝缘鞋、绝缘手套。 (2)车辆台架总成：吉利EV电动汽车或其他同类新能源汽车。 (3)专用工具、设备：万用表、汽车故障诊断仪。 (4)手工工具：组合工具。 (5)辅助材料：无				
任务要求	(1)能够识别充电系统及DC/DC系统组成。 (2)能够认识和更换车载充电机。 (3)能够检查和排除充电系统的故障				

 资讯

请阅读教材中的"相关知识"完成以下内容。
(1)简述电动汽车充电系统的分类与特点。
_____
_____

(2)简述车载充电系统工作原理。
_____
_____

(3)简述车载充电系统常见故障。
_____
_____

(4)简述DC/DC控制器原理与常见故障。
_____
_____

> 计划和决策

请根据任务要求,确定所需要的场地和物品,并对小组成员进行合理分工,制订详细的工作计划。

一、制订人员分工

小组编号:_____　　小组组长:_____
小组成员:_____　　你的任务:_____

二、检查场地与物品

检查并记录完成任务需要的场地、设备、工具及材料。

1. 场地

检查工作场地是否清洁及存在安全隐患,如不正常,请向教师汇报并及时处理。

记录:_____

2. 车辆、充电桩及其他

(1)车辆:_____

(2)充电桩:_____

(3)其他:_____

3. 防护装备、设备及工具

(1)防护装备:_____

(2)设备及工具:_____

4. 安全要求及注意事项

(1)实训汽车停在实训工位上,没有经过教师批准不可起动。经教师批准起动前,首先应先检查车轮的安全顶块是否放好,驻车制动器操纵杆是否拉好,变速器操纵杆是否放在P挡位置上,确认车前是否有人。

(2)禁止触碰任何带安全警示标识的部件。

(3)实训期间禁止嬉戏打闹。

三、制订工作方案

根据任务,小组进行讨论,确定工作方案(流程/工序),并记录。

_____
_____

实施和检查

(1)根据制订的计划实施,完成以下任务并记录。

_____

_____

本操作任务主要是认识新能源汽车充电系统,并能对车载充电机进行更换。

在学习理论知识基础上,对电源充电系统及DC/DC控制器进行认识,对车载充电机进行更换,并完成下面的表格(在操作完成项目上打"√")。

实施类别	内容	方法	完成情况	
			项目	使用工具
充电系统认知	车载充电机安装位置	观察并记录		
	车载充电机电路识别	观察并记录		
	慢充充电枪与充电插座认知	观察并记录		
	快充充电枪与充电插座认知	观察并记录		
DC/DC控制器认知	DC/DC控制器位置	观察并记录		
	DC/DC控制器电路识别	观察并记录		
车载充电机的更换	安全防护	检查并视情况处理		
	打开机舱盖	检查并视情况处理		
	12V蓄电池断电	检查并视情况处理		
	动力蓄电池断电	检查并视情况处理		
	拆卸车载充电机冷却水管并回收冷却水	检查并视情况处理		
	断开车载充电机线束连接器	检查并视情况处理		
	拆卸车载充电机固定螺母,拆下车载充电机	检查并视情况处理		
	安装车载充电机,紧固固定螺母	按原厂规定		
	连接车载充电机线束连接器(注意:一插、二响、三确认)	检查并视情况处理		
	安装车载充电机线束连接器、冷却水管并加注冷却液	检查并视情况处理		

续上表

实施类别	内容	方法	完成情况	
			项目	使用工具
车载充电机的更换	安装蓄电池负极,紧固蓄电池负极电缆固定螺母	按原厂规定		
	关闭蓄电池负极电缆保护盖	检查并视情况处理		
	起动汽车上电	检查并视情况处理		

(2)纯电动汽车充电系统检测任务操作。

根据实训室配置,进行充电系统检测。

①慢充充电枪与充电插座检测。

记录:＿＿＿＿＿＿＿＿＿＿＿＿＿＿＿＿＿＿＿＿＿＿＿＿＿＿＿＿

②快充充电枪与充电插座检测。

记录:＿＿＿＿＿＿＿＿＿＿＿＿＿＿＿＿＿＿＿＿＿＿＿＿＿＿＿＿

评估

根据任务完成情况,学生自我评分。教师或指定组长过程巡视/验收检查时若发现问题直接扣分。

项目评估(分)	自我评估	小组评估	教师评估
资讯(5)			
计划和决策(5)			
实施和检查(10)			
合计(20)			
总评			

教师签名:＿＿＿＿＿＿＿

项目三　整车驱动控制系统检测与维修

任务1　纯电动汽车驱动系统检修

学生姓名		班级		学号	
实训场地		学时		日期	
客户任务	有一辆纯电动汽车,打开点火开关后,组合仪表点亮正常,可运行指示"OK"灯正常点亮,挡位切换至D挡或R挡,车辆无法行驶。经维修技术人员检查认为是驱动电机系统故障,更换驱动电机后故障排除				
工作准备	(1)防护装备:常规实训着装、绝缘鞋、绝缘手套。 (2)车辆台架总成:比亚迪EV纯电动汽车或其他同类新能源汽车。 (3)专用工具、设备:万用表、汽车举升机。 (4)手工工具:组合工具。 (5)辅助材料:无				
任务要求	(1)能够识别电机驱动系统的组成。 (2)能够认识和更换驱动电机。 (3)能够检查和排除电机驱动控制系统的故障。				

资讯

请阅读教材中的"相关知识"完成以下内容。
(1)简述纯电动汽车驱动系统组成。

_____

_____

(2)纯电动汽车电机总成外部信号接插件有哪些?

_____

_____

(3)驱动电机控制系统常见故障有哪些?

_____

_____

计划和决策

请根据任务要求,确定所需要的场地和物品,并对小组成员进行合理分工,制订详细的工作计划。

一、制订人员分工

小组编号:_____ 小组组长:_____

小组成员:_____ 你的任务:_____

二、检查场地与物品

检查并记录完成任务需要的场地、设备、工具及材料。

1. 场地

检查工作场地是否清洁及存在安全隐患,如不正常,请向教师汇报并及时处理。

记录:_____

2. 车辆、充电桩及其他

(1)车辆:_____

(2)充电桩:_____

(3)其他:_____

3. 防护装备、设备及工具

(1)防护装备:_____

(2)设备及工具:_____

4. 安全要求及注意事项

(1)实训汽车停在实训工位上,没有经过教师批准不可起动。经教师批准起动前,首先应先检查车轮的安全顶块是否放好,驻车制动器操纵杆是否拉好,变速器操纵杆是否放在 P 挡位置上,确认车前是否有人。

(2)禁止触碰任何带安全警示标识的部件。

(3)实训期间禁止嬉戏打闹。

三、制订工作方案

根据任务,小组进行讨论,确定工作方案(流程/工序),并记录。

_____

_____

_____

实施和检查

(1)根据制订的计划实施,完成以下任务并记录。

_____

_____

本操作任务主要是认识新能源汽车驱动电机控制系统,并能进行驱动电机的更换。

在学习理论知识基础上,对驱动电机系统进行认识,更换驱动电机,并完成下面的表格(在操作完成项目上打"√")。

实施类别	内容	方法	完成情况	
			项目	使用工具
电机控制器认知	电机控制器位置	观察并记录		
	电机控制器外部连接附件	观察并记录		
	电机控制器电路识别	观察并记录		
驱动电机的更换	安全防护	检查并视情况处理		
	翻开机舱盖,12V蓄电池断电	检查并视情况处理		
	动力蓄电池断电	检查并视情况处理		
	拆卸冷却水管,释放和回收冷却液	检查并视情况处理		
	拆卸电机控制器总成	检查并视情况处理		
	拆卸动力电机总成外围部件或线束	检查并视情况处理		
	拆下右前轮、转向横拉杆球头固定螺栓,拔出左右侧半轴球笼	检查并视情况处理		
	举升车辆,拔出左右半轴及取下驱动电机	检查并视情况处理		
	以相反步骤安装驱动电机	检查并视情况处理		
	安装蓄电池负极	检查并视情况处理		
	紧固蓄电池负极电缆固定螺母	按原厂规定		
	关闭蓄电池负极电缆保护盖	检查并视情况处理		
	起动汽车上电	检查并视情况处理		

(2)纯电动汽车驱动系统传感器检测操作。

根据实训室配置,进行纯电动汽车驱动系统传感器进行检测。

①纯电动汽车旋转变压器认知与性能的检查。

记录:_____

②纯电动汽车节气门开度传感器检查。

记录:_____

根据任务完成情况,学生自我评分。教师或指定组长过程巡视/验收检查时若发现问题直接扣分。

项目评估(分)	自我评估	小组评估	教师评估
资讯(5)			
计划和决策(5)			
实施和检查(10)			
合计(20)			
总评			

教师签名:_____

任务2 混合动力电动汽车驱动系统检修

学生姓名		班级		学号	
实训场地		学时		日期	
客户任务	一辆混合动力电动汽车,因行驶无力,进行维修。经技术总监检查认为是驱动系统故障,将此车交给你进行维修。你了解混合动力汽车驱动系统吗？是否能对混合动力电动汽车驱动系统进行检测并排除此故障？					
工作准备	(1)防护装备:常规实训着装、绝缘鞋、绝缘手套。 (2)车辆台架总成:混合动力电动汽车或其他同类新能源汽车。 (3)专用工具、设备:万用表、汽车故障诊断仪、汽车举升机。 (4)手工工具:组合工具。 (5)辅助材料:无					
任务要求	(1)能够识别驱动系统的组成。 (2)能够检查和排除驱动控制系统的故障					

请阅读教材中的"相关知识"完成以下内容。
(1)简述混合动力电动汽车的类型。

_____

_____

(2)简述混合动力电动汽车驱动系统的组成。

_____

_____

(3)混合动力汽车工作模式有哪几种？

_____

_____

(4)混合动力汽车驱动系统常见故障有哪些？

_____

_____

新能源汽车整车控制技术

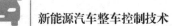

请根据任务要求,确定所需要的场地和物品,并对小组成员进行合理分工,制订详细的工作计划。

一、制订人员分工

小组编号:_____ 小组组长:_____

小组成员:_____ 你的任务:_____

二、检查场地与物品

检查并记录完成任务需要的场地、设备、工具及材料。

1. 场地

检查工作场地是否清洁及存在安全隐患,如不正常,请向教师汇报并及时处理。

记录:_____

2. 车辆、充电桩及其他

(1)车辆:_____

(2)充电桩:_____

(3)其他:_____

3. 防护装备、设备及工具

(1)防护装备:_____

(2)设备及工具:_____

4. 安全要求及注意事项

(1)实训汽车停在实训工位上,没有经过教师批准不可起动。经教师批准起动前,首先应先检查车轮的安全顶块是否放好,驻车制动器操纵杆是否拉好,变速器操纵杆是否放在 P 挡位置上,确认车前是否有人。

(2)禁止触碰任何带安全警示标识的部件。

(3)实训期间禁止嬉戏打闹。

三、制订工作方案

根据任务,小组进行讨论,确定工作方案(流程/工序),并记录。

_____

_____

 实施和检查

(1)根据制订的计划实施,完成以下任务并记录。

_____
_____

本操作任务主要是在认识混合动力电动汽车各部件,并对驱动系统进行性能检查。

在学习理论知识基础上,对混合动力汽车驱动系统进行认识,对驱动桥进行性能检查,并完成下面的表格(在操作完成项目上打"√")。

实施类别	内容	方法	完成情况	
			项目	使用工具
混合动力电动汽车驱动系统认知	电机控制器位置	观察并记录		
	整车控制器位置	观察并记录		
	变速桥结构认识	观察并记录		
	驱动控制系统传感器位置认知	观察并记录		
驱动系统进行性能检查	安全防护	检查并视情况处理		
	蓄电池电压检查	检查电量并视情况处理		
	举升车辆离地20cm,打开电源开关至IG挡,踩下制动踏板,把变速器操纵杆移动至"N"挡,手动转动曲轴带轮,检查前轮是否旋转	检查状态并视情况处理		
	打开电源开关至"READY"挡。踩下制动踏板,把变速器操纵杆移动到"D"挡,然后松开制动踏板,检查前轮是否旋转	检查并视情况处理或更换处理		

(2)混合动力电动汽车驱动系统控制部件检测操作。

根据实训室配置,对混合动力电动汽车进行驱动系统部件检测。

①驱动电机温度传感器检测。

记录:_____

②电机角度传感器(旋转变压器)检测。

记录:_____

③变频器性能检测。

记录：_____

④驱动电动机定子绕组检测。

记录：_____

 评估

根据任务完成情况，学生自我评分。教师或指定组长过程巡视/验收检查时若发现问题直接扣分。

项目评估(分)	自我评估	小组评估	教师评估
资讯(5)			
计划和决策(5)			
实施和检查(10)			
合计(20)			
总评			

教师签名：_____

项目四　电动空调系统认识与检修

任务1　电动空调系统的认识

学生姓名		班级		学号	
实训场地		学时		日期	
客户任务	小王在某新能源汽车4S店做销售工作,某客户想购买一款纯电动汽车,对纯电动汽车的空调系统比较关注。请你向客户介绍该款纯电动轿车空调系统的基本情况,并检查空调使用性能					
工作准备	(1)防护装备:常规实训着装。 (2)车辆、台架、总成:纯电动汽车或其他同类新能源汽车。 (3)专用工具、设备:汽车举升机。 (4)手工工具:组合工具。 (5)辅助材料:无					
任务要求	(1)能够识别汽车空调制冷系统的组成。 (2)能够认识汽车空调暖风系统的组成。 (3)能够掌握汽车空调系统的操作					

 资讯

请阅读教材中的"相关知识"完成以下内容。
(1)简述汽车空调制冷系统的组成。

(2)简述汽车空调暖风系统的组成。

(3)简述汽车空调控制面板功能。

(4)简述汽车空调制冷过程。

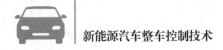

📔 计划和决策

请根据任务要求,确定所需要的场地和物品,并对小组成员进行合理分工,制订详细的工作计划。

一、制订人员分工

小组编号:_____ 小组组长:_____
小组成员:_____ 你的任务:_____

二、检查场地与物品

检查并记录完成任务需要的场地、设备、工具及材料。

1. 场地

检查工作场地是否清洁及存在安全隐患,如不正常,请向教师汇报并及时处理。

记录:_____

2. 车辆、充电桩及其他

(1)车辆:_____

(2)充电桩:_____

(3)其他:_____

3. 防护装备、设备及工具

(1)防护装备:_____

(2)设备及工具:_____

4. 安全要求及注意事项

(1)实训汽车停在实训工位上,没有经过教师批准不可起动。经教师批准起动前,首先应先检查车轮的安全顶块是否放好,驻车制动器操纵杆是否拉好,变速器操纵杆是否放在 P 挡位置上,确认车前是否有人。

(2)禁止触碰任何带安全警示标识的部件。

(3)实训期间禁止嬉戏打闹。

三、制订工作方案

根据任务,小组进行讨论,确定工作方案(流程/工序),并记录。

_____
_____
_____

实施和检查

(1) 根据制订的计划实施,完成以下任务并记录。

_____

_____

本操作任务主要是认识新能源汽车空调高压系统并掌握空调系统的使用方法。

在学习理论知识基础上,对新能源汽车空调系统进行认识,并掌握新能源汽车空调的使用方法,完成下面的表格(在操作完成项目上打"√")。

实施类别	内容	方法	完成情况	
			项目	使用工具
汽车空调制冷系统的组成	电动空调压缩机位置	观察并记录		
	蒸发器位置	观察并记录		
	冷凝器的位置	观察并记录		
	干燥储蓄罐位置	观察并记录		
	电子膨胀阀位置	观察并记录		
汽车空调暖风系统的组成	PTC 加热器位置	观察并记录		
	PTC 加热器控制继电器位置	观察并记录		
	PTC 加热器线束插接件端子认知	观察并记录		
空调系统的使用	自动按键使用	观察并记录		
	关闭按键的使用	观察并记录		
	A/C 开关使用	观察并记录		
	模式按键使用	观察并记录		
	前除霜按键使用	观察并记录		
	后风窗玻璃和外后视镜除雾按键使用	观察并记录		
	通风按键使用	观察并记录		
	内外循环模式开关使用	观察并记录		
	温度调节按键使用	观察并记录		
	风量调节按键	观察并记录		

(2) 纯电动汽车电动空调性能检查操作。

根据实训室配置,进行纯电动汽车空调的检查操作。

①纯电动汽车电动空调温度设定与性能检查。

记录:_____

②纯电动汽车空调模式设定与性能检查。

记录：_____

评估

根据任务完成情况，学生自我评分。教师或指定组长过程巡视/验收检查时若发现问题直接扣分。

项目评估(分)	自我评估	小组评估	教师评估
资讯(5)			
计划和决策(5)			
实施和检查(10)			
合计(20)			
总评			

教师签名：_____

任务2　电动空调高压系统检修

学生姓名		班级		学号	
实训场地		学时		日期	
客户任务	一辆纯电动汽车车主反映,打开空调系统没有冷暖气,经检查该车高压制冷及制暖控制部件出现问题,更换PTC加热器继电器及电动压缩机有故障排除				
工作准备	(1)防护装备:常规实训着装、绝缘鞋、绝缘手套、防护镜。 (2)车辆台架总成:纯电动汽车或其他同类新能源汽车。 (3)专用工具、设备:制冷剂回收加注机、万用表、汽车故障诊断仪、汽车举升机。 (4)手工工具:组合工具。 (5)辅助材料:R134a制冷剂				
任务要求	(1)能够识别电动空调系统组成。 (2)能够认识和更换电动空调组成元件。 (3)能够检查和排除电动高压元件的故障				

资讯

请阅读教材中的"相关知识"完成以下内容。
(1)简述电动压缩机高压部分常见的故障。

_____

(2)简述PTC加热器主要故障点。

_____

(3)简述PTC加热器的控制原理。

_____

(4)简述电动空调压缩机控制原理。

_____

计划和决策

请根据任务要求,确定所需要的场地和物品,并对小组成员进行合理分工,制订详细的工作计划。

一、制订人员分工

小组编号：_____　　小组组长：_____
小组成员：_____　　你的任务：_____

二、检查场地与物品

检查并记录完成任务需要的场地、设备、工具及材料。

1. 场地

检查工作场地是否清洁及存在安全隐患,如不正常,请向教师汇报并及时处理。
记录：_____

2. 车辆、充电桩及其他
(1) 车辆：_____
(2) 充电桩：_____
(3) 其他：_____

3. 防护装备、设备及工具
(1) 防护装备：_____
(2) 设备及工具：_____

4. 安全要求及注意事项
(1) 实训汽车停在实训工位上,没有经过教师批准不可起动。经教师批准起动前,首先应先检查车轮的安全顶块是否放好,驻车制动器操纵杆是否拉好,变速器操纵杆是否放在 P 挡位置上,确认车前是否有人。
(2) 禁止触碰任何带安全警示标识的部件。
(3) 实训期间禁止嬉戏打闹。

三、制订工作方案

根据任务,小组进行讨论,确定工作方案(流程/工序),并记录。

_____
_____
_____

实施和检查

(1)根据制订的计划实施,完成以下任务并记录。

_____

_____

本操作任务主要是认识新能源汽车空调高压系统,掌握空调PTC检测方法和电动空调压缩机更换方法。

在学习理论知识基础上,对新能源汽车电动空调高压系统进行认识,对电动空调压缩机进行更换,并完成下面的表格(在操作完成项目上打"√")。

实施类别	内容	方法	完成情况	
			项目	使用工具
PTC故障诊断	安全防护与高压下电操作	检查并视情况处理		
	蓄电池电压检查	检查电量并视情况处理		
	检查PTC电源电路	观察并记录		
	PTC电阻检测	观察并记录		
电动空调压缩机更换	安全防护	检查并视情况处理		
	翻开机舱盖	检查并视情况处理		
	12V蓄电池断电	检查并视情况处理		
	动力蓄电池断电	检查并视情况处理		
	断开电动空调压缩线束连接器	检查并视情况处理		
	拆卸电动空调压缩机固定螺母,取出空调控制器	检查并视情况处理		
	拆下空调压缩机	检查并视情况处理		
	安装电动空调压缩机,紧固固定螺母	按原厂规定		
	连接电动空调压缩机高压线束连接器(注意:一插、二响、三确认)	检查并视情况处理		
	安装蓄电池负极	检查并视情况处理		
	紧固蓄电池负极电缆固定螺母	按原厂规定		
	关闭蓄电池负极电缆保护盖	检查并视情况处理		
	起动汽车上电	检查并视情况处理		

续上表

实施类别	内容	方法	完成情况	
			项目	使用工具
电动空调系统 R134a 制冷剂的更换	抽真空与渗漏的检查	检查并视情况处理		
	加注制冷剂	检查并视情况处理		
	加注制冷剂并进行渗漏的检查	检查并视情况处理		
	起动汽车上电	检查并视情况处理		
	检查空调压力	观察并记录		

（2）纯电动汽车电动空调高压系统检修操作。

根据实训室配置，进行电动空调高压系统故障诊断与检测操作。

①电动空调 PTC、电动压缩机故障码与数据流的读取。

记录：_____

②纯电动汽车 PTC、电动压缩机总成部件检测。

记录：_____

评估

根据任务完成情况，学生自我评分。教师或指定组长过程巡视/验收检查时若发现问题直接扣分。

项目评估（分）	自我评估	小组评估	教师评估
资讯(5)			
计划和决策(5)			
实施和检查(10)			
合计(20)			
总评			

教师签名：_____

项目五　电动助力系统检测与维修

任务1　电动转向系统检修

学生姓名		班级		学号	
实训场地		学时		日期	
客户任务	有一辆纯电动汽车,在行驶中,转向变得沉重,来维修厂请求维修。经维修技术人员检查为电动转向控制系统故障,更换电动转向器后故障排除				
工作准备	(1)防护装备:常规实训着装、绝缘鞋、绝缘手套。 (2)车辆台架总成:纯电动汽车或其他同类新能源汽车。 (3)专用工具、设备:万用表、汽车故障诊断仪、汽车举升机。 (4)手工工具:组合工具。 (5)辅助材料:无				
任务要求	(1)能够识别电动转向控制系统的组成。 (2)能够认识和更换电动转向器。 (3)能够检查和排除电动转向控制系统的故障				

资讯

请阅读教材中的"相关知识"完成以下内容。
(1)简述电动汽车电动助力转向系统的组成。

_____

_____

(2)简述电动汽车电动转向控制策略。

_____

_____

计划和决策

请根据任务要求,确定所需要的场地和物品,并对小组成员进行合理分工,制订详细的工作计划。

一、制订人员分工

小组编号：_____ 　　小组组长：_____
小组成员：_____ 　　你的任务：_____

二、检查场地与物品

检查并记录完成任务需要的场地、设备、工具及材料。

1. 场地

检查工作场地是否清洁及存在安全隐患，如不正常，请向教师汇报并及时处理。

记录：_____

2. 车辆、充电桩及其他

(1) 车辆：_____
(2) 充电桩：_____
(3) 其他：_____

3. 防护装备、设备及工具

(1) 防护装备：_____
(2) 设备及工具：_____

4. 安全要求及注意事项

(1) 实训汽车停在实训工位上，没有经过教师批准不可起动。经教师批准起动前，首先应先检查车轮的安全顶块是否放好，驻车制动器操纵杆是否拉好，变速器操纵杆是否放在P挡位置上，确认车前是否有人。

(2) 禁止触碰任何带安全警示标识的部件。

(3) 实训期间禁止嬉戏打闹。

三、制订工作方案

根据任务，小组进行讨论，确定工作方案（流程/工序），并记录。

_____
_____
_____

实施和检查

(1) 根据制订的计划实施，完成以下任务并记录。

_____
_____
_____

本操作任务主要是认识新能源汽车转向系统,掌握电动转向器的更换方法。

在学习理论知识基础上,对电动汽车转向系统进行认识,对转向器进行更换,并完成下面的表格(在操作完成项目上打"√")。

实施类别	内容	方法	完成情况	
			项目	使用工具
电动转向系统的认知	动力转向器位置	观察并记录		
	动力转向控制器位置	观察并记录		
	转矩传感器位置	观察并记录		
电动转向器的更换	安全防护	检查并视情况处理		
	翻开机舱盖	检查并视情况处理		
	12V蓄电池断电	检查并视情况处理		
	动力蓄电池断电	检查并视情况处理		
	断开电动转向器线束连接器	检查并视情况处理		
	断开转向万向节、拆除转向盘	检查并视情况处理		
	分离左、右侧转向外拉杆拆卸左右前轮摆臂与摆臂球头销总成的安装螺栓和螺母	检查并视情况处理		
	用举升设备顶住副车架主体总成,拆卸副车架及电动助力转向系统总成	检查并视情况处理		
	降落举升设备,分离电动助力转向总成	检查并视情况处理		
	与拆卸过程相反步骤,安装电动助力转向总成	检查并视情况处理		
	安装时装配标记对齐,紧固各螺栓	按原厂规定		
	安装蓄电池负极	检查并视情况处理		
	紧固蓄电池负极电缆固定螺母	按原厂规定		
	关闭蓄电池负极电缆保护盖	检查并视情况处理		
	起动汽车上电	检查并视情况处理		

续上表

实施类别	内容	方法	完成情况	
			项目	使用工具
动力转向器匹配与检查	安全防护	检查并视情况处理		
	蓄电池电压检查	检查并视情况处理		
	诊断仪连接至OBD诊断接口	检查并视情况处理		
	按步骤进行设置	检查并视情况处理		
	起动汽车上电	检查并视情况处理		
	仪表显示状态	观察并记录		

（2）纯电动汽车动力转向系统检测操作。

根据实训室配置，对纯电动汽车动力转向系统进行部件检测。

①电动汽车转向电动机检测。

记录：_____

②转向系统转角传感器的检测。

记录：_____

 评估

根据任务完成情况，学生自我评分。教师或指定组长过程巡视/验收检查时若发现问题直接扣分。

项目评估(分)	自我评估	小组评估	教师评估
资讯(5)			
计划和决策(5)			
实施和检查(10)			
合计(20)			
总评			

教师签名：_____

任务2　电动真空助力制动系统检修

学生姓名		班级		学号	
实训场地		学时		日期	
客户任务	客户描述，车辆行驶一段时间后，制动踏板逐渐变硬，有踩不动的感觉，制动距离变长，经维修技术人员检查发现该车制动系统电动真空助力泵不工作，更换电动真空助力泵后故障排除					
工作准备	(1)防护装备：常规实训着装、绝缘鞋、绝缘手套。 (2)车辆台架总成：纯电动汽车或其他同类新能源汽车。 (3)专用工具、设备：万用表、汽车故障诊断仪。 (4)手工工具：组合工具。 (5)辅助材料：无					
任务要求	(1)能够识别电动真空制动助力系统的组成。 (2)能够认识和更换电动真空助力泵。 (3)能够检查和排除电动真空助力泵助力系统的故障					

资讯

请阅读教材中的"相关知识"完成以下内容。
(1)电动真空助力泵在电动汽车中的主要作用是什么？

_____

_____

(2)电动真空助力制动系统控制策略的内容是什么？

_____

_____

(3)电动真空助力制动系统由哪些零部件组成？

_____

_____

(4)电动真空助力制动系统的常见故障有哪些？

_____

_____

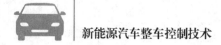

计划和决策

请根据任务要求,确定所需要的场地和物品,并对小组成员进行合理分工,制订详细的工作计划。

一、制订人员分工

小组编号:_____ 小组组长:_____
小组成员:_____ 你的任务:_____

二、检查场地与物品

检查并记录完成任务需要的场地、设备、工具及材料。

1. 场地

检查工作场地是否清洁及存在安全隐患,如不正常,请向教师汇报并及时处理。

记录:_____

2. 车辆、充电桩及其他

(1)车辆:_____

(2)充电桩:_____

(3)其他:_____

3. 防护装备、设备及工具

(1)防护装备:_____

(2)设备及工具:_____

4. 安全要求及注意事项

(1)实训汽车停在实训工位上,没有经过教师批准不可起动。经教师批准起动前,首先应先检查车轮的安全顶块是否放好,驻车制动器操纵杆是否拉好,变速器操纵杆是否放在 P 挡位置上,确认车前是否有人。

(2)禁止触碰任何带安全警示标识的部件。

(3)实训期间禁止嬉戏打闹。

三、制订工作方案

根据任务,小组进行讨论,确定工作方案(流程/工序),并记录。

_____
_____

实施和检查

(1)根据制订的计划实施,完成以下任务并记录。

_____

_____

本操作任务主要是认识新能源汽车电动真空助力系统,掌握电动真空助力泵的更换方法。

在学习理论知识基础上,认识电动真空助力系统,对电动真空助力泵进行更换,并完成下面的表格(在操作完成项目上打"√")。

实施类别	内容	方法	完成情况	
			项目	使用工具
电动真空助力制动系统认知	电动真空助力制动控制器位置	观察并记录		
	电动真空助力泵位置	观察并记录		
	真空压力传感器位置	观察并记录		
电动真空助力泵的更换	安全防护	检查并视情况处理		
	翻开机舱盖	检查并视情况处理		
	12V蓄电池断电	检查并视情况处理		
	动力蓄电池断电	检查并视情况处理		
	断开电动真空泵线束连接器和真空管	检查并视情况处理		
	拆卸电动真空泵固定螺母	检查并视情况处理		
	拆下电动真空泵	检查并视情况处理		
	安装电动真空泵,紧固固定螺母	按原厂规定		
	连接电动真空泵线束连接器和真空管	检查并视情况处理		
	安装蓄电池负极	检查并视情况处理		
	紧固蓄电池负极电缆固定螺母	按原厂规定		
	关闭蓄电池负极电缆保护盖	检查并视情况处理		
	起动汽车上电	检查并视情况处理		

续上表

实施类别	内容	方法	完成情况	
			项目	使用工具
电动真空助力泵的更换	使用汽车故障诊断仪读取清除故障码,读取数据流			

(2)纯电动汽车电动真空助力制动系统电气部件检测。

根据实训室配置,进行纯电动汽车电动真空助力制动系统主要部件的检测。

①电动汽车真空泵检测。

记录:＿＿＿＿＿＿＿＿＿＿＿＿＿＿＿＿＿＿＿＿＿＿＿＿＿＿＿＿＿＿＿

②电动汽车制动深度传感器检测。

记录:＿＿＿＿＿＿＿＿＿＿＿＿＿＿＿＿＿＿＿＿＿＿＿＿＿＿＿＿＿＿＿

③电动汽车制动真空度压力传感器检测。

记录:＿＿＿＿＿＿＿＿＿＿＿＿＿＿＿＿＿＿＿＿＿＿＿＿＿＿＿＿＿＿＿

评估

根据任务完成情况,学生自我评分。教师或指定组长过程巡视/验收检查时若发现问题直接扣分。

项目评估(分)	自我评估	小组评估	教师评估
资讯(5)			
计划和决策(5)			
实施和检查(10)			
合计(20)			
总评			

教师签名:＿＿＿＿＿＿＿

参 考 文 献

[1] 吴海东,袁牧,苏庆列. 新能源汽车动力电池及管理系统检修[M]. 北京:机械工业出版社,2022.

[2] 胡欢贵. 新能源汽车维修完全自学手册[M]. 北京:机械工业出版社,2020.

[3] 田晋跃,郭荣. 新能源汽车整车控制技术[M]. 北京:人民邮电出版社,2021.

[4] 郭化超,邸玉峰. 新能源汽车驱动电机及控制技术[M]. 北京:机械工业出版社,2023.

[5] 刘朝丰,陈保山. 新能源汽车故障诊断技巧[M]. 北京:机械工业出版社,2021.

[6] 刘存山,李楷,吉世岳. 新能源汽车故障诊断技术[M]. 北京:机械工业出版社,2022.

[7] 吴立新. 新能源汽车维护与故障诊断[M]. 北京:机械工业出版社,2018.

[8] 包丕利. 纯电动汽车辅助系统检测与修复[M]. 北京:机械工业出版社,2018.

[9] 瑞佩尔. 新能源汽车维修从入门到精通[M]. 北京:化学工业出版社,2023.

[10] 余飞. 汽车数据流与波形[M]. 北京:化学工业出版社,2022.

[11] 赵振宁. 新能源汽车整车控制系统诊断[M]. 北京:机械工业出版社,2021.

[12] 金庭安,程鹏. 新能源汽车电池检测技术[M]. 北京:人民交通出版社股份有限公司,2021.

[13] 申荣卫. 混合动力汽车拆装与检测[M]. 北京:机械工业出版社,2019.

[14] 张金柱. 混合动力汽车结构与维修[M]. 北京:化学工业出版社,2017.

[15] 李波. 新能源汽车整车控制系统检修[M]. 北京:机械工业出版社,2022.